Amrum · Jahres-Chronik 1993

Georg Quedens, Margret Kiosz

AMRUM 1993

Jahres-Chronik einer Insel

Verlag Jens Quedens · Norddorf/Amrum

Fotonachweis:
Manfred Fries (5) – Margret Kiosz (18) – Chr. Leipersberger-Nielsen (1)
Georg Quedens (64) – Annegret Wollny (1)
Titelbilder und Gesamtgestaltung: Georg Quedens
Korrektur: Klaus Förster

ISBN 3-924422-32-X

© Verlag Jens Quedens, Amrum 1994
Herausgeber: Öömrang Ferian
Herstellung: Westholsteinische Verlagsdruckerei Boyens & Co., Heide

Inhalt

Vorwort	7
Chronik von Amrum 1993	9
Die Saison 1993	22
Aus den Gemeinderatssitzungen	
Nebel – Norddorf – Wittdün	23
Aus dem Amtsausschuß	35
Das Jahr in der Amrumer Natur	38
Naturparadies am Wittdüner Strand	50
Schatzinsel Amrum – Pilze	54
»Großeinsätze« in der Inselnatur	58
Jagd und Jagdverpachtung auf Amrum	61
Wiking-Komplex wechselte	
den Besitzer	67
Das »Weiße Haus« in Wittdün	68
Nebeler Strandkörbe in Privathand	70
Peter Martinen – in Ehrenämtern	
seit 25 Jahren	71
Günter Winkler – Letzte Runde	
mit der Post	72
Ulli Petersen – 25 Jahre im Dienst	73
Jubiläen im Amt Amrum	74
Udo Kabbe legte den Taktstock	
aus der Hand	75
Per Expreß durchs Wattenmeer	77
25 Jahre DGS Amrum	79
Schulwesen seit Jahrhunderten	82
Hausmeisterehepaar Hansen –	
Jubiläum in der DGS	84
Pastor Segschneider – Abschied	
vom Amt	86
Der neue Pastor	89
Das Jahr in der Kirchengemeinde	
St. Clemens	90
Der Leuchtturm im neuen Gewand	93
50 Jahre LVA an der »Satteldüne«	95
DRK mit neuem Vorstand	97
AYC im neuen Clubhaus	99
Amrumer Zoll im neuen Quartier	101
TSV Amrum – ein aktiver Verein	102
30 000 Besucher in der Mühle	103
Amrumer Schützenverein	105
Sportfischer in Aktion	106
Die Amrumer Feuerwehr 1993	107
Raiba Amrum – auch 1992 ein	
guter Gewinn	109
Die Konfirmanden 1993	110
Anni und Detlef Boyens –	
Diamantene Hochzeit	111
Gertraude und August Jakobs –	
Goldene Hochzeit	112
Alma Horzer – 80	115
Walter Peters – 80	118
Käte von der Weppen – 80	120
Hilde Lucke – 80	122
Hinne Ricklefs – 75	123
Christian Nissen – 75	126
Else Jensen – 75	129
»Kalli« Claußen †	131
Helmut Landsmann †	133
Aus der Inselgeschichte	
Mit der Bahn zum Badestrand	135
Friesenhäuser in neuem Gewand	140
Haus Nr. 11 in Nebel	142
Das Zollwesen zu Wasser	
und zu Lande	145
Der Landzoll	156

Vorwort

Das Titelbild der Jahres-Chronik kommt diesmal aus der Inselnatur und zeigt den häufigsten Brutvogel auf Amrum – die Heringsmöwe. Vor etlichen Jahrzehnten auf der Insel noch unbekannt, dann seit Ende der 1960er Jahre nur mit Einzelpaaren brütend, wurden im Sommer 1993 nicht weniger als etwa 3500 Paare geschätzt. Vögel sind immer Indikatoren für die Zustände in der Landschaft. Und hier weist die Vielzahl der Heringsmöwen auf umfangreiche Fischbestände im Seebereich von Amrum hin – was übrigens auch die Menge der Seehunde und Kegelrobben erklärt.

Es fehlte ansonsten auch im Jahre 1993 nicht an bemerkenswerten und vieldiskutierten Ereignissen. In Wittdün ging es um die Frage, ob die Kurverwaltung vom jetzigen Standort in der Mittelstraße auf den Platz des ehemaligen Kurmittelhauses am Fähranleger verlegt werden soll. Die anhaltenden Auseinandersetzungen mündeten schließlich in einen Bürgerentscheid, der sich mit knapper Mehrheit für die Verlegung aussprach.

Noch andauernder und bis dato nicht abgeschlossen ist allerdings die Debatte um das Ausflugsschiff »Adler-Express« des Nordstrander Reeders Kurt Paulsen. Das Anfang Juli auf der Strecke Nordstrand–Wittdün–Hörnum eingesetzte Schiff ist 33 Knoten bzw. knapp 60 Stundenkilometer schnell, und es ging um die Frage, ob sich eine derartige Rasanz mit der Natur im Wattenmeer und mit dem oft beschworenen »sanften Tourismus« verträgt. Befürchtet wurde auch, daß andere Reedereien ihre Flotte auf »Flitzer« umstellen.

Fast eine Viertelmillion DM wendeten staatliche Institutionen im Jahre 1993 für die Natur- und Landschaftspflege auf Amrum auf. Es ging um Heidepflege, Neuaufforstung der Wittdüner Vogelkoje und Beseitigung von Betonwerken aus beiden Weltkriegen. Nicht alle akzeptierten und anerkannten diese nicht unerheblichen Eingriffe, und der Natur muß nun Zeit gelassen werden für die Regeneration.

In Norddorf gab es eine große Überraschung, als die Dorfbewohner völlig unvorbereitet aus dem »Insel-Boten« erfuhren, daß das »Wiking«-Kurunternehmen erneut komplett den Besitzer wechselte. Es hatte allerdings vorher Gerüchte über die Solvenz des Unternehmers Siegfried Dath gegeben, der im Jahre 1991 die ehemaligen Seehospize nebst Kurmittelhaus von der Westfälischen Diakonissenanstalt erworben hatte.

Für den »Öömrang Ferian« ging es unverändert darum, die Finanzierung für das sogenannte »Landsmannhaus« in Nebel als zukünftiges Museum zu sichern, wobei von vielen Seiten Hilfe gewährt wurde. Durch den Wegzug des Ehepaares und durch den Tod von Helmut Landsmann am 28. August erhielt das Vorhaben des Inselvereins plötzliche Aktualität.

Der Fremdenverkehr – Wirtschaftsgrundlage nahezu aller Insulaner – erhielt in der Saison 1993 einen Dämpfer. Wetterbedingt gab es nach einer Reihe von Jahren mit ständigen Zuwächsen erstmalig wieder ein Minus, mindestens eine Stagnation. Fraglich bleibt, ob nur das schlechte Wetter eine Rolle gespielt hat. Auch die Gesundheitsreform mit nachlassenden Kuren hat sich ausgewirkt, möglicherweise auch die bundesweite Wirtschaftskrise mit ihren hohen Arbeitslosenzahlen. Hieß es früher bei solchen Erscheinungen immer: »Amrum wird nicht betroffen«, weil die von Arbeitslosigkeit betroffenen Bevölkerungsschichten wegen des hohen Preisniveaus auch vorher nicht zu den Inselgästen zählten, so sind jetzt aber auch besser dotierte und qualifizierte Berufe infolge der gleichzeitigen Strukturkrise vom Verlust des Arbeitsplatzes bedroht.

Eine andauernde Auseinandersetzung entwickelte sich durch die Absicht der Schleswag, eine Erdgasleitung nach Amrum zu verlegen. Die tangierten Heizöllieferanten, Raiffeisenbank Amrum und Fa. Krause in Nebel, meldeten sich zu Wort und wiesen auf ihre Steuerbeiträge und Arbeitsplätze hin. Die Raiffeisenbank befürchtete zusätzlich den Verlust ihrer Selbständigkeit, »wenn einem auswärtigen Monopolisten auf Amrum der Boden bereitet wird« und das Heizölgeschäft zugrunde geht. Die Gemeindevertretungen von Norddorf und Wittdün beschlossen jedoch Konzessionsverträge mit der Schleswag, um der Bevölkerung eine Energiealternative zu bieten und aus Gründen des Umweltschutzes. Daraus entstand ein Streit, der in persönliche Bereiche hineinging und auch zu einer Konfrontation zwischen den Gemeinden führte, als die Gemeindevertretung von Nebel am 16. Dezember eine Erdgasleitung für ihren Bereich ablehnte.

Am 28. November erhielt die Insel einen neuen Pastor, Henning Kiene, und der bisherige Pastor Martin Segschneider verabschiedete sich in den Ruhestand. Pastor Segschneider hat sich in 18jähriger Amtszeit einen guten Namen auf der Insel gemacht und die Anerkennung aller gefunden, »ein Mann, der zu uns paßt«, wie es einmal der Norddorfer Bürgermeister Schult formulierte. Pastor Segschneider hat sogar friesisch gelernt, so daß ihm in geselligen Runden und auf Feiern mit Einheimischen nichts vorzumachen war. Den »Alten von Amrum« ist wieder ein umfangreicher Abschnitt gewidmet, wobei auch Familienzusammenhänge und »weltbewegende« Ereignisse ihrer Lebenszeit, die von allgemeiner Bedeutung waren, berücksichtigt werden.

»Geschichte« steht auf den letzten Seiten der Chronik. Bezogen auf aktuelle Vorgänge und Jubiläen berichten zeitübergreifende Berichte über Wasser- und Landzoll, über das Schulwesen, über die Kniepsandbahn und über das Leben in alten Friesenhäusern. Denn die Gegenwart lebt durch die Vergangenheit.

Amrum, im Mai 1993   Georg Quedens

Chronik von Amrum 1993

Januar

8. Das ZDF war mit einem vielköpfigen Team auf Amrum anwesend und filmte das winterliche Inselleben, das im Rahmen des »Länderspiegels« in der folgenden Woche auf dem Programm stand.

9. Junge Union und Jungsozialisten veranstalteten erneut eine »Talk-Show« mit den Inseloberen, um die Probleme und Wünsche der Inseljugend zu diskutieren. Obenan standen Fragen der Wohnraumnot und eines Jugendzentrums mit Disco.

13. Der Amrumer Zentralmarkt in Wittdün wechselte seinen Inhaber. Der Betrieb wurde von Klaus Theus an das Ehepaar Simona und Heiko Müller übergeben.

Die Vorsitzende des Fachausschusses Heimatmuseum (Landsmannhaus in Nebel), Marret Jessen, gab auf einer Zusammenkunft bekannt, daß im abgelaufenen Jahr rund 100 000 DM an Spenden für das Projekt eingegangen sind.

12. Der Tagestourismus bleibt unverändert in der Diskussion, so auch auf der Jahreshauptversammlung des Amrumer Hotel- und Gaststättenverbandes. Die Bedenken – auch unter den Gastwirten – überwogen dabei die Befürworter.

13. Die Verlegung der Kurverwaltung Wittdün vom jetzigen Standort in der Mittelstraße zum Fähranleger stand erneut im Kurausschuß zur Debatte. Nach Ablehnung dieses Vorschlages trat der Vorsitzende des Ausschusses, Jens Petersen, zurück.

16. Auf dem Stiftungsfest der Inselwehren von Nebel und Süddorf-Steenodde wurden Martin Gerrets und Albert Lemke für 50jährigen Feuerwehrdienst geehrt.

17. Die Müllabfuhr geht abermals neue Wege. Auf einer Veranstaltung des HGV-Amrum wurden die Teilnehmer mit dem »Dualen System« bekanntgemacht, das aber erst 1994 wirksam werden soll.

18. Das Ehepaar Anni und Detlef Boyens feierte das seltene Fest der »Diamantenen Hochzeit«, allerdings nicht zu Hause in Norddorf, sondern auf Mallorca.

23. Geschäftswechsel in Wittdün. Das Spielwarengeschäft im Haus »Daheim« wurde vom Ehepaar Brunhilde und Sönke Jessen an Dorit Berger und Philipp Faust übertragen.

Februar

2. Wechsel im Vorstand des Hotel- und Gaststättenverbandes Föhr-Amrum. Anstelle des ausscheidenden Horst Wodowos wurde der Norddorfer Hotelier Jürgen Jöns gewählt.

16. Der TSV Amrum ist unverändert der mitgliederstärkste Verein auf Amrum, stellte der Vorsitzende Klaus Förster bei der Jahreshauptversammlung fest. Der Verein zählt 640 Mitglieder, und rund 80 % der Inselkinder gehören dem TSV an.

20. Der Erwerb des »Landsmann-Hauses« zwecks Ausgestaltung zu einem Museum ist, neben Naturschutz und Sprachpflege, auch 1993 ein Hauptanliegen des »Öömrang Ferian«, gab der Vorsitzende Jens Quedens auf der Generalversammlung im »Haus des Gastes« in Nebel bekannt. Sehr gut besucht war auch das Vereinsfest am selben Abend im »Bahnhofshotel« mit Trachtentanz und Theater.

21. Das Biaken hatte wieder einmal besondere Akzente. Auf dem Schuttplatz brannte bei dieser »Gelegenheit« ein riesiger Reethaufen ab, und an der Biake von Süddorf geriet der Verkaufswagen der Feuerwehr durch Brandstiftung in Brand. Die Kommerzialisierung des ehemals heidnischen Brauchtums schritt weiter voran.

März

3. Geschäftswechsel in Norddorf. Das traditionelle, von Wilhelmine und Ode Ackermann an der Norddorfer Strandstraße erbaute

Der Kampf mit dem Sand. Wie am Strandübergang Norddorf, so kämpft auch die Gemeinde Nebel mit aufwehenden Sandmassen im Bereich der Strandhalle

Café mit Konditorei, 1958 von der Familie Kirch erworben und weitergeführt, wurde vom Ehepaar Antje und Andreas Eichler übernommen.

Wie schon im Vorjahre machen die Volleyball-Mannschaften der Amrumer Schule weiterhin Furore. Nach vorherigen Qualifikationsspielen konnten drei Mannschaften zur Landesmeisterschaft fahren.

Der Seniorennachmittag im St.-Clemens-Hüs in Nebel war beladen mit problematischen Themen. Die beiden Gemeindeschwestern Frauke Völz und Hanna Schreiber haben zum 30. Juni gekündigt, und auch die langjährige Vorsitzende des DRK-Ortsverbandes, Regina Butrico-Hansen, stellte ihren Posten zur Verfügung. Grund: Nichtverwirklichung der Sozialstation, deren Bau unverändert in der Schwebe ist.

10. Der Tagestourismus stand abermals auf dem Programm, zunächst beim Kurausschuß in Norddorf, dann in Wittdün. »Exzesse, wie sie zeitweise im Hochsommer zu erleben sind, sind keine Werbung für Amrum«, wurde festgestellt.

Neues Geschäft in der Hauptstraße von Wittdün. Susanne Maas und Stefan Dombrowski eröffneten ein Spezialgeschäft für Kindermoden.

Wieder einmal drohte das Vogelwärterhaus auf der Amrumer Odde nach anhaltend trockenen Stürmen zu versanden, so daß umfangreiche Schutzmaßnahmen durch den »Verein Jordsand« getroffen werden mußten. Die Landschaftspflegebehörde stellte einen beachtlichen Zuschuß für die Dünenbepflanzung zur Verfügung.

Wie schon in vorherigen Jahren, mußte nach einer Periode heftiger Sandstürme das Vogelwärterhäuschen auf Amrum-Odde wieder freigebaggert werden

Die Wohnungsnot, insbesondere die Unterbringung von auswärtigem Personal, treibt auf Amrum seltsame Blüten. Nachdem schon im Vorjahre das ALW im Landschaftsschutzgebiet bei »Ban Horn« eine Containersiedlung erstellte und das Wasser- und Schiffahrtsamt im Seezeichenhafen eine Wohnschute vor Anker legte, beschloß nun der Wittdüner Kurausschuß, Campingwagen bzw. Wohncontainer für das Saisonpersonal des Kurmittelhauses aufzustellen.

9. Turnusgemäß hielt der Förderverein des Föhr-Amrumer Krankenhauses wieder eine Mitgliederversammlung auf Amrum ab. Der Vorsitzende, der Geschäftsführer der WDR, Conrad Zorn, konnte im Rahmen des Geschäftsberichtes bekanntgeben, daß der Verein seit seiner Gründung rund 726 000 DM für die Ausstattung des Krankenhauses in Wyk aufgebracht hat.

Maschineller Großeinsatz in der Amrumer Natur. Die schon lange geplante Heidepflege wurde in Angriff genommen, ebenso die Abholzung und Neuaufforstung in der Wittdüner Vogelkoje sowie die Beseitigung von Weltkriegswerken (Bunker und Flakfundamente) am Seehospiz I bei Norddorf und auf der Heide an der Vogelkoje Meerum.

24. Die »Inselkonferenz« über den Tagestourismus blieb ohne konkrete Ergebnisse. Einigkeit bestand nur in der Uneinigkeit. Während von Amrumer Seite überwiegend für eine Reduzierung oder wenigstens Regulierung plädiert wurde, begrüßten die Vertreter von Föhr durchweg den Tagestourismus.

26. Trotz erheblichen Aufwandes für die Re-

paratur eines Mühlenflügels konnte der Vorsitzende des Mühlenvereins, Hark Thomsen, auf der Jahresversammlung eine ausgeglichene Bilanz vorlegen. Rund 30 000 Besucher verzeichnete die Mühle im abgelaufenen Jahr.

29. Neuverpachtung der Gemeindejagd Nebel. Nach internen und öffentlichen Auseinandersetzungen zwischen zwei Bewerbergruppen erhielt die Gruppe Martin Gerrets, Günter Winkler und Helmut Scheer den Zuschlag.

April

Das bisher gemeindeeigene Strandkorbgeschäft von Nebel ist durch Gemeinderatsbeschluß privatisiert worden. Klaus Jessen und Erk Winkler erhielten den Zuschlag.

19. »Blockhäuser für Wintercamping und damit eine weitere Festbausiedlung auf dem Zeltplatz I«, diese Frage stand auf einer Sitzung des Kurausschusses Wittdün und wurde dort mit Mehrheit befürwortet. Fraglich ist aber, ob die Landschaftspflegebehörden zu diesem Vorhaben ihre Zustimmung erteilen.

20. Der Amrumer Amtsvorsteher und Amtswehrführer Peter Martinen feierte im Bahnhofshotel Nebel sein 25jähriges Jubiläum als Ehrenbeamter des Landes Schleswig-Holstein.

24. Das Deutsche Rote Kreuz, Ortsverband Amrum, hat einen neuen Vorsitzenden. Nach problematischen Ereignissen, der Kündigung der beiden bisherigen Gemeindeschwestern, dem Rücktritt der DRK-Vorsitzenden Regina Butrico-Hansen und den oft fruchtlosen Diskussionen um die Sozialstation nahm Erwin Meinert die Bürde des Amtes auf sich. Stellvertretende Vorsitzende wurde Dr. Doris Müller, Schriftführer Gerd Huke.

Eine landesweite Polizeiaktion gegen den Lübecker Müllmanager Hilmer sandte ihre Wellen auch bis Amrum. In Wittdün wurde die Ferienwohnung des ehemaligen Staatssekretärs in der Schweriner Landesregierung, Dr. Peter-Uwe Conrad, durchsucht. Wie bei vorherigen Aktionen wurde wieder nichts Belastendes gefunden, so daß sich allmählich der Eindruck verstärkt, daß es sich um politisch motivierte Verdächtigungen handelt.

Neben dem Obdachlosenhaus »Helgoland« am Wittdüner Nordstrand wurde unter Verwendung der ehemaligen Nebeler Strandsauna eine Unterkunft für Asylanten errichtet. Die Inselbevölkerung trug durch umfangreiche Möbel- und Materialspenden zur Ausstattung bei, ebenso der Amrumer Yachtclub durch billige Überlassung eines Sanitärcontainers.

Mai

1. In Wittdün wurde das »Weiße Haus« der Deutschen Mukoviszidose Gesellschaft seiner Bestimmung übergeben. In 13 Appartements können hier Patienten und Familienangehörige während der Therapie- oder Ferienzeit wohnen.

10. Im neuerbauten Clubhaus des Amrumer Yachtclubs eröffneten Jan und Martina Bertelsen das Clubrestaurant »Seefohrerhus – Besanschot an«.

17. Die Einwohner Wittdüns sind aufgerufen, auf einer Einwohnerversammlung über die Verlegung der Kurverwaltung vom jetzigen Standort zum sogenannten »Filetstück« am Fähranleger abzustimmen. Nachdem sich bei der Abstimmung im Kurausschuß etliche Zeit vorher ein Patt ergeben hatte, ergab die »Wiederholung« der Abstimmung bei Anwesenheit von allerdings nur 15 Bürgern eine Mehrheit für die Verlegung zum Fähranleger.

Die Klasse R 7 der Dörfergemeinschaftsschule hat den Sonderpreis des Bundeswettbewerbes »Fremdsprachen« gewonnen.

Das Wahrzeichen der Insel Amrum, der Leuchtturm, muß neu gestrichen werden. Bei der Vorbereitung zu dieser Arbeit wurden Frostschäden im Gemäuer entdeckt, so daß zunächst umfangreiche Mauerrenovierungen nötig wurden. Infolgedessen dauerten die Renovierungsarbeiten bis Ende August, so daß der Turm bis dahin für Besucher geschlossen werden mußte.

27. Aufsehen auf Amrum erregte ein Raubmord in Tellingstedt. Als Täter wurde ein 22jähriger Amrumer ermittelt, der in Heiligenhafen verhaftet werden konnte.

28. Der Amrumer Yachtclub konnte rechtzeitig zu Pfingsten das neue Clubheim am Seezeichenhafen seiner Bestimmung übergeben. Neben dem genannten Clubrestaurant und sonstigen Räumlichkeiten enthält das Clubheim moderne Sanitäranlagen, nutzbar auch für Gastlieger. »Wir haben ein schönes Gebäude, das alle Auflagen der Sportboothafenverordnung erfüllt«, stellte der Vorsitzende des AYC, Peter Paulsen, fest. Auch der Amrumer Zoll hat hier eine ansprechende Unterkunft gefunden.

Juni

1. Die Wiking-Kurhäuser haben einen neuen Besitzer. Nachdem bereits etliche Gerüchte, auch über finanzielle Probleme des Unternehmers Siegfried Dath, im Umlauf waren, wurden die ehemaligen Seehospize nebst Kurmittelhaus, inzwischen in Mutter-und-Kind-Kurheime umgewandelt, von einer Unternehmergruppe aus Köln und Bad Berleburg übernommen.

13. In die Vorstandswahlen der Bundes-SPD wurde auch die Basis, die Mitglieder der Ortsvereine, mit einbezogen. Immerhin beteiligten sich auf Amrum von 68 eingeschriebenen SPD-Mitgliedern 29 an der Wahl und votierten eindeutig für Wieczorek-Zeul (19), während Gerhard Schröder nur 5 und Rudolf Scharping nur 2 Stimmen erhielten. Bundesweit aber machte bekanntlich Rudolf Scharping das Rennen um den SPD-Vorsitz.

Nach monatelanger Arbeit konnte am Norddorfer Strand endlich der neue Strandübergang fertiggestellt werden. Die Gemeinde,

Zwischen Wittdün und Seezeichenhafen wurde unter Einbezug des ehemaligen Nebeler Sauna-Containers eine Unterkunft für Asylbewerber errichtet

die jährlich umfangreiche Summen im Kampf gegen die Sandmassen aufwenden mußte, hofft nun, eine dauerhafte Lösung gefunden zu haben.

15. Grundlegende Neuregelung des Straßenverkehrs in allen drei Inselgemeinden. Vom heutigen Tag an gilt im Ortsbereich die Regel rechts vor links auch für Benutzer der L.1.0. Das Ziel ist eine Herabsetzung der Geschwindigkeit infolge der Vorfahrtsbeachtung. Nicht alle Verkehrsteilnehmer kamen mit der Änderung jahrzehntelanger Gewohnheit gleich zurecht, in Norddorf entstand hoher Sachschaden durch den Zusammenstoß zweier Autos.

15. Drastische Umsatzrückgänge von etwa 20 % infolge der Reform des Bundesgesundheitsministers Seehofer meldet das Kurmittelhaus Wittdün, während das Kurmittelhaus Norddorf durch die angeschlossenen Mutter- und-Kind-Kurheime voll ausgelastet ist.

Drei Wittdüner Bürger, Peter Jürgensen, Helga Peppmüller und Karl-Heinz Kanzler, haben eine Unterschriftensammlung durchgeführt. Zweck: ein Bürgerentscheid über den Beschluß der Gemeindevertretung, die Kurverwaltung zu verlegen.

26. Wie schon in den Vorjahren bekam der TSV Amrum wieder hochrangigen Fußballbesuch, diesmal die Altliga-Mannschaft des FC St. Pauli. Beinahe hätten die Amrumer das Spiel gewonnen. Aber am Ende stand es 5:4 für die Gäste aus Hamburg.

Das Hotel »Seeblick« in Norddorf, Besitzer Hartmut und Angelika Hesse, konnte beim Landeswettbewerb »Gastliches Haus« in der Kategorie Hotels unter 100 Betten das Prädikat »Landessieger« erringen.

Juli

1. Diskussion um die Leiterin der Amrum Bädergemeinschaft, Gabriele Hoffmann, die ohne Wissen ihres Arbeitgebers (Amt Amrum) eine »Zentrale Zimmervermittlung« für Föhr und Amrum auf eigene Rechnung in das Handelsregister eingetragen hat und damit in eine erhebliche Interessenkollision mit ihrer Aufgabe als Werkleiterin der Bädergemeinschaft geraten ist.

4. Etliche Aufregung und anhaltende Debatten verursachte der Nordstrander Reeder Kurt Paulsen durch die Indienststellung eines bis 33 Knoten (ca. 60 km/h) schnellen Schiffes namens »Adler-Express« auf der Strecke Nordstrand–Amrum–Hörnum. Naturschützer befürchten eine erhebliche Beeinträchtigung des Naturraumes Wattenmeer, andere einen Anstieg des ohnehin schon übermäßigen Tagestourismus und den Bau von Schnellschiffen auch durch andere Reedereien.

5. Erdgasleitung nach Amrum? Diese Frage stand auf einer Sitzung des Gemeinderates Norddorf, wo die Anfrage der Schleswag, insbesondere hinsichtlich der zukünftigen Beheizung des Schwimmbades, befürwortet wurde.

Zeitgleich mit der silbernen Hochzeit konnte das Ehepaar Gerda und Heinz-Werner Hansen das 25jährige Jubiläum als Hausmeister der Dörfergemeinschaftsschule feiern.

Mit Barbara Hermenau und Gundel Quedens hat der Ortsverband des DRK Amrum wieder zwei tatkräftige Gemeindeschwestern für den Dienst in der Haus- und Altenpflege bekommen. Auch die Unterbringung – auf Amrum ein Hauptproblem – konnte gesichert werden.

5. Als Nachfolger des zurückgetretenen Jens Petersen wurde Kay Seesemann zum Vorsitzenden des Wittdüner Kurausschusses gewählt.

7. Der Schauspieler Peer Schmidt, seit Jahrzehnten in Nebel zu Hause, rezitierte im vollbesetzten Saal im »Haus des Gastes« in Nebel Gedichte von Ringelnatz und Kästner. Der Reinerlös wurde dem »Öömrang Ferian« für den Ankauf des »Landsmann-Hauses« zur Verfügung gestellt.

17. Trotz einiger Auflagen der Gesundheitsbehörde hinsichtlich der Straßengastronomie waren beim diesjährigen Straßenfest in Nebel

Neben der eigentlichen Landwirtschaft spielt auf Amrum auch die Hobby-Tierhaltung eine Rolle. Hier auf einer Tierschau Hans Decker mit seinem Hereford-Bullen

reichlich Stände zum Essen und Trinken vorhanden. Aber auch Kunsthandwerk und Kinderspiele kamen nicht zu kurz.

Neue Diskussionen um die Werkleiterin der Bädergemeinschaft, nachdem auf einer Sitzung des Werkausschusses bekannt wurde, daß sie in einer Anzeige der Bädergemeinschaft ihr privates Postfach angegeben hat und damit den Verdacht erweckte, Quartieranfragen für eigene Zwecke auszusortieren. Der Vorsitzende des Handels- und Gewerbevereins, Matthias Theis, verlangte deshalb folgerichtig die sofortige Suspendierung vom Dienst. Amtsvorsteher Peter Martinen verwahrte sich hingegen gegen »Einmischung« von außen und stellte sich vor die Werkleiterin.

26. Die Kommunalverfassungsreform, die noch rechtzeitig vor der Kommunalwahl am 20. März 1994 in Kraft treten soll, wird zu einigen grundlegenden Veränderungen führen. Voraussichtlich werden die drei Inselgemeinden je zwei Vertreter in den Amtsausschuß entsenden. Bisher war Nebel mit drei, Wittdün und Norddorf aber nur mit je einer Person vertreten. Neu ist auch, daß der Amtsvorsteher nur aus den Reihen der Amtsausschußmitglieder gewählt werden darf.

31. Die »Sommerbühne« in Norddorf, eine Mischung von Straßenfest, Kunsthandel und Musik, wurde wieder ein voller Erfolg – ehe Wolkenbrüche am späten Abend die Teilnehmer von Straßen und Plätzen vertrieben.

Nach 38jährigem Dienst bei der Post trat Günter Winkler, Nebel, in den Ruhestand. Mit girlandengeschmücktem Postauto machte er seine letzte Dienstfahrt durch seinen langjährigen Zustellbereich.

August

Der »Adler-Express« sorgt weiter für Diskussionsstoff, wobei die Kritik an dem schnell fahrenden Schiff überwiegt. Faktische Schäden am Fahrwasser, an Wattensänden und an der Tierwelt lassen sich jedoch nicht nachweisen, so daß sich die Diskussion bald auf die Sorge konzentriert, daß in absehbarer Zeit nur noch Schnellschiffe im Nationalpark Wattenmeer herumrasen. Zunehmend wird deshalb eine Geschwindigkeitsbegrenzung gefordert.

Anhaltend schlechtes Wetter bedeutet auch für Amrum einen Rückgang des Fremdenverkehrs. Kurdirektor Klüßendorf meldet für Wittdün im ersten Halbjahr 1993 ein Minus von 11,5 % gegenüber dem sonnigen Vorjahr, insbesondere auf den beiden Zeltplätzen. Aber auch der Tagestourismus macht sich – ungeachtet der zusätzlichen »Adler-Express«-Verbindung – weniger bemerkbar, so daß die Diskussion um diesen Tourismus zunächst fast verstummte.

Wochenlang mußte das Wittdüner Schwimmbad geschlossen werden, weil die Decke einzustürzen drohte. Dieser Vorfall förderte die schon seit geraumer Zeit betriebene Planung zu einem neuen Schwimmbad in der Gemeinde Wittdün.

Der neue Landrat, Dr. Olaf Bastian, besuchte Amrum, wie es im »Insel-Boten« hieß, »mit offenen Augen und Ohren, aber leeren Taschen«.

15. Geschäftsübergabe in Süddorf. Der Fahrradverleih des Ehepaares Wilma und Heino Ottens wurde an den Sohn Klaus-Peter übergeben.

26. »Erdgas oder Heizöl?« Das war die Frage auf einer Informationsveranstaltung der beiden Amrumer Heizölhändler Raiffeisenbank

Mitten in der Saison kam im Schwimmbad Wittdün die Decke von oben und verstärkte die Diskussion über den Bau eines neuen Schwimmbades

und Fa. Claus Krause. Aufgeschreckt vom Beschluß der Gemeinde Norddorf, der Schleswag die Verlegung einer Erdgasleitung zu genehmigen, warnten die Vertreter der Heizölindustrie, einem auswärtigen Monopolisten den Boden zu bereiten, und rechneten vor, daß Heizöl hinsichtlich der Umweltbelastung und des Preises durchaus mit Erdgas konkurrieren könne.

27. Nutztierschau Amrumer Geflügelzüchter und Hobby-Landwirte im Gewerbegebiet Norddorf. Von Bienen bis hinauf zum massigen Hereford-Bullen war allerlei Getier vertreten. Höhepunkt der Ausstellung waren Reitervorführungen der Amrumer Reitervereine.

30. Aufregung um das Damwild im Gehege der Vogelkoje Meerum. Weil die Tiere durch Inzucht impotent geworden waren, wurden zwei davon zur Strecke gebracht und ein neuer Damhirsch in das Gehege eingesetzt. Naturschutzbehörden bemühen sich seit Jahren, das illegale und das natürliche und traditionelle Umfeld der Vogelkoje erheblich störende Gehege abzuschaffen, damit sich die Landschaft, frei von exotischem Wild, in den Naturzustand zurückentwickeln kann.

September

3. Die Dörfergemeinschaftsschule feierte ihr 25jähriges Bestehen, umrahmt von Reden, Grußadressen, Musik, Theater und einem geselligen Beisammensein.

4. Wieder einmal trafen sich Föhrer und Amrumer Blaskapellen zu einer gemeinsamen Großveranstaltung in der Kniepsandhalle Nebel.

14. Nach Anhörung der Heizöllieferanten und der Schleswag beschloß die Gemeindevertretung Norddorf, »aus Gründen des Um-

Am Schwimmbad Norddorf: Bürgermeister Volkert Peters mit dem neuen Landrat Dr. Bastian, Amtsvorsteher Peter Martinen und Schwimmbadmeister Peter Zöllner

weltschutzes und einer Erhöhung der Versorgungssicherheit« dem Konzessionsvertrag mit der Schleswag über die Verlegung einer Erdgasleitung zuzustimmen.

19. Am heutigen Tage fand die mit Spannung erwartete Abstimmung der Wittdüner Bürger über die Verlegung der Kurverwaltung statt. Ergebnis: Eine knappe Mehrheit (157 für, 145 gegen) sprach sich für eine Verlegung bzw. Durchführung des entsprechenden Gemeinderatsbeschlusses aus. Die Wahlbeteiligung betrug rund 55 Prozent. Wenig später gab es allerdings eine Dienstaufsichtsbeschwerde gegen Bürgermeister Theus wegen Wahlbeeinflussung und Verletzung des Wahlgeheimnisses. Die Beschwerde hatte jedoch keinen Erfolg.

Die Kommunalwahl wirft ihre Schatten voraus. Sowohl SPD als auch CDU »kürten« ihre Kandidaten. Wie schwierig es allerdings geworden ist, Personen und Persönlichkeiten zu finden, die sich mit undankbaren Ehrenämtern beladen wollen, beweisen einige Kandidatenlisten, die sich offenbar nur unter Aufbietung von Familienangehörigen komplettieren ließen.

22. Vier unvorsichtige Wattenwanderer, die im Watt bei Nieblum – Föhr von der auflaufenden Flut überrascht und eingeschlossen wurden, konnten vom Tochterboot der »Eiswette« in Sicherheit gebracht werden.

25. Nach 25jährigem Einsatz als Dirigent der Amrumer Blaskapelle übergab Udo Kabbe den Taktstock an seinen Nachfolger. Unter der Leitung des Genannten ist die Blaskapelle eine Institution geworden und aus dem Inselleben nicht mehr wegzudenken.

26. Noch ein bedeutender Abschied vom Amt: Am heutigen Sonntag verabschiedete sich Pastor Martin Segschneider im Anschluß an den Gottesdienst in den Ruhestand, wirkte aber noch bis zur Einführung seines Nachfolgers, Pastor Henning Kiene, einige Wochen weiter.

Oktober

Das Wasserwerk im Wald bei Nebel-Westerheide wird um Werk- und Laborräume erweitert, wozu die Arbeit an den Rohbauten nahezu abgeschlossen ist. Das Vorhaben war längere Zeit durch Einsprüche der Anlieger verzögert worden, die Naturschutzgründe geltend machten. Der Einspruch wurde jedoch vom Verwaltungsgericht in Schleswig abgewiesen.

Die Amrumer Volkshochschule legte in einer Broschüre für alle Haushalte wieder ein umfangreiches Kursusprogramm für Insulaner und Gäste vor.

21. 50 Jahre LVA auf Amrum. Aus diesem Anlaß fand in der Kinderfachklinik Satteldüne eine Jubiläumsveranstaltung mit prominenten Gästen vom Festlande und von der Insel statt. Angereist waren die Spitzenvertreter der Landesversicherungsanstalt Schleswig-Holstein sowie die Ministerin für Arbeit, Soziales, Gesundheit und Jugend, Heide Moser. Grußreden, Festvortrag, Vorstellung der einzelnen Arbeitsbereiche in der Fachklinik und Theaterspiele der jugendlichen Patienten bildeten den Rahmen dieser Veranstaltung.

Im eigens dazu erweiterten Gewerbegebiet bei Süddorf haben Forstverband und Landschaftsbau eine gemeinsame Unterkunft gefunden. Hier wird zukünftig der Grünabfall aus dem Inselwald verarbeitet und das mobile Sägewerk stationiert. Für die geräumige Halle sind die Fundamente gelegt, und damit diese nicht geklaut werden, ist das ganze Gelände mit einem hohen, »landschaftsverzierenden« Zaun umgeben.

Wittdün soll ein neues Schwimmbad haben. Diesen Grundsatzbeschluß faßte die Gemeindevertretung auf Empfehlung des Kurausschusses. Vor weiteren Beschlüssen und Planungen sollen jedoch die Kosten für das Freizeitbad mit Therapiebecken ermittelt werden.

Seit Mitte des Monats arbeitet auf der Bauschuttdeponie am Klööwenhuuch ein Steinschredder, um den im Laufe der letzten Jahre angewachsenen »Berg« an Steinen aus dem

In Norddorf wird der Entwicklung »auf den Grund« gegangen. Sowohl das Hotel »Hüttmann«, als auch »Seeblick« sind tief in den Inselboden gedrungen, um mit doppelstöckigen Kellergeschossen Dampf- und Schwimmbad sowie sonstige Kur- und Betriebseinrichtungen zu installieren

Abbruchmaterial diverser Altbauten zu zerkleinern. Ein Magnetabscheider hat bei diesem Arbeitsvorgang Nägel aussortiert. Der so entstandene neue »Berg« von Steingrus soll für den Unterbau von Feld- und Wirtschaftswegen auf Amrum verwendet werden. Zwei Riesenbaustellen haben sich in Norddorf aufgetan. Sowohl am Hotel Hüttmann als auch am Hotel Seeblick sind umfangreiche Bauvorhaben in Vorbereitung. Die hierfür ausgehobenen Sandmassen sind zum Kliff südlich von Nebel befördert worden, wo sich ein breiter Strand gebildet hat.

November

6. Nach Norddorf hat nun auch die Gemeinde Wittdün den Konzessionsvertrag mit der Schleswag über die Verlegung einer Erdgasleitung unterzeichnet.

9. Noch einmal stand die Frage »Erdgas für Amrum?« auf der Tagesordnung eines Informationsabends, den die Schleswag veranstaltete. Dabei wurde die Argumentation des Schleswag-Vertreters besonders von Vertretern der Heizölindustrie »in die Mangel genommen«. Die endgültige Entscheidung liegt nun bei der Gemeindevertretung von Nebel. Falls diese einen Vertrag mit der Schleswag ablehnt, scheitert das Projekt an der Wirtschaftlichkeit.

14. Während die Kurverwaltung Wittdün für die Saison 1993 mit einem Minus von etwa 8 % an Gästen und Übernachtungen rechnet, konnte die Gemeinde Nebel das Vorjahresergebnis halten. Sorgen bereitet jedoch ein bemerkenswerter Rückgang der Bettenzahl. Einige größere und kleinere Häuser mit Kurgastbetten sind komplett an das »Wiking-Kurunternehmen« in Norddorf vermietet und zu Personalwohnungen umfunktioniert worden.

Durch Postwurfsendung informierte das Amt Amrum die Inselbewohner über die Abfallbeseitigung ab Januar 1994. Nach dieser vom Kreis Nordfriesland erstellten Satzung kommt es zu einer erheblichen Steigerung der Müllgebühren. Die Sperrmüllabfuhr erfolgt wie bisher.

22. Die beiden Deich- und Sielverbände von Wittdün und Norddorf wurden gemäß § 60 des Wasserverbandgesetzes zusammengeschlossen. Nachdem die Deiche schon im Vorjahre vom ALW übernommen wurden, haben die Verbände ihre Funktionen weitgehend verloren.

28. Amrum hat einen neuen Pastor. Bei einem Festgottesdienst in der St.-Clemens-Kirche wurde Pastor Henning Kiene durch Propst Sönke Pörksen feierlich in sein Amt eingeführt. Anschließend versammelten sich die Gottesdienstbesucher an der Kaffeetafel im St.-Clemens-Hüs.

Dezember

2. Die Raiffeisenbank Amrum bleibt auf Erfolgskurs. Dies erfuhren die zahlreich versammelten Mitglieder auf der Generalversammlung im »Bahnhofshotel«. Das Vorstandsmitglied des Aufsichtsrates, Thies Maas, wurde einstimmig im Amt bestätigt. Im Rahmen der Versammlung stand auch das Thema »Erdgas – Heizöl« auf der Tagesordnung, wobei es zu einer Auseinandersetzung zwischen dem Raiba-Geschäftsführer Hark Gereke und dem Norddorfer Bürgermeister Volkert Peters kam.

5. »Tag der offenen Tür« im Friesenhaus Landsmann. Der Öömrang Ferian stellte das Haus, das zu einem Museum umgestaltet werden soll, der Öffentlichkeit vor. Die Vorsitzende des Museumsausschusses, Marret Jessen, konnte zahlreiche Besucher begrüßen und um Verständnis für das Vorhaben werben.

11. Ungeachtet der Kürzung von Kreis- und Landeszuschüssen kann die Volkshochschule Amrum ihr Programm dank der hohen Eigenfinanzierung durchführen. Diese Feststellung traf der Vorsitzende Wolfgang Pieck auf der Mitgliederversammlung.

14. Die Auseinandersetzung um eine eventuelle Erdgasleitung nach Amrum eskaliert. Als

Antwort auf das Statement des Geschäftsführers der Raiffeisenbank anläßlich der Generalversammlung kündigt die Gemeindevertretung von Norddorf in Teilbereichen die Geschäftsbeziehungen.

16. Der geplante Bürgerentscheid in der Gemeinde Nebel über die Erdgasleitung findet in der Gemeindevertretung keine Mehrheit. Statt dessen lehnt die Gemeindevertretung mit 10 Stimmen die Erdgasleitung ab. Nur ein Vertreter stimmt dafür. Damit hat die monatelange Auseinandersetzung eine überraschende Entwicklung genommen, da im Falle einer Ablehnung durch eine Gemeinde die Schleswag auf die Verlegung einer Erdgasleitung nach Amrum verzichten will.

18. Zu einem Familiengottesdienst lud der neue Pastor Henning Kiene im Gemeindehaus Norddorf ein. Vor vollbesetztem Saal führten Schüler der DGS Amrum unter Leitung von Katharina Döring ein stimmungsvolles Krippenspiel auf.

19. Nicht weniger erfolgreich war die Aufführung der »Kleinen Amrumer Bühne« (KLAB) in der Nordseehalle Wittdün. Diesmal stand »Dornröschen« auf dem Programm, und wie gewohnt gaben alle Mitwirkenden ihr Bestes.

21.–23. Nicht weniger als 5 Autounfälle, darunter solche mit Personen- und hohem Sachschaden, gab es infolge von Glatteis auf den Inselstraßen.

Die Kurverwaltungen der Insel legten wieder ein umfangreiches Veranstaltungsprogramm für die Weihnachts- und Neujahrsurlauber vor, das aber nicht mehr – wie in den Vorjahren – unter einer Überladung und Überlagerung von Terminen litt.

Bedingt durch die Konstellation der Festtage auf die Wochenenden wurde die Insel zum Jahresende von Inselgästen deutlich weniger besucht als in den Vorjahren. Eine zusätzliche Rolle dürften die Rezession und die steigende Arbeitslosigkeit spielen.

31. Wie gewohnt endete das alte Jahr mit dem Brauchtum »Hulken«, den Feiern in allen Gaststätten, dem Auftritt des Posaunenchores in der St.-Clemens-Kirche kurz vor Mitternacht vor Hunderten von Insulanern und Inselgästen mit Wunderkerzen und Fackeln, begleitet von Glockengeläut. Wohltuend und von den Gästen nahezu einhellig begrüßt war das erneut durch die Amtsverwaltung bekanntgegebene Verbot, Feuerwerkskörper abzubrennen.

Eine besondere Attraktion bot die Natur am letzten Tag des alten Jahres sowie am ersten Neujahrstag den Inselgästen. Am Norddorfer Strand hielt sich den ganzen Tag nach vorausgegangener hoher Nachtflut eine Kegelrobbenmutter mit einem knapp drei Wochen alten Jungtier auf. Aus entsprechendem Abstand, aber doch relativ großer Nähe, konnten die Zuschauer den ganzen Tag und den nächsten Vormittag Jung- und Alttier, darunter auch das Säugen, beobachten, ehe sich beide wieder in Richtung Jungnahmensand empfahlen.

G. Q.

Die Saison 1993

»Wir sind noch einmal mit einem blauen Auge davon gekommen«, mit diesen Worten kommentierte Wittdüns Kurdirektor Carl Hermann Klüßendorf den Saisonverlauf 1993. Während Nebel und Wittdün einen Rückgang der Übernachtungszahlen von jeweils über 50 000 hinnehmen mußten, wird aus Norddorf ein Plus von 33 000 Übernachtungen gemeldet.

Nebel		Gäste		Übernachtungen	
	1992	39 800		503 600	
	1993	35 500	−11 %	450 500	−11 %
Norddorf	1992	43 300		474 000	
	1993	43 300		506 500	+ 7 %
Wittdün	1992	53 300		574 500	
	1993	50 000	− 9 %	520 900	−10 %

Sicherlich haben nicht nur konjunkturelle Daten Einfluß auf diese Entwicklung gehabt. So ist der Rückgang der Übernachtungszahlen in Wittdün maßgeblich durch die schlechte Auslastung des Zeltplatzes wegen des anhaltend miserablen Wetters im Hochsommer zu erklären. In Norddorf konnten die Übernachtungszahlen trotz sinkender Bettenzahlen (um 100 auf 3100) und leicht sinkender Gästezahlen deutlich erhöht werden. Hierfür war unter anderem die ganzjährige Belegung durch die Wiking-Mutter-Kind-Einrichtung ausschlaggebend. Da die Mütter mit ihren Kindern jeweils für 4 Wochen anreisen, erhöht sich automatisch auch die durchschnittliche Verweildauer von 10,9 Tagen auf 11,7 Tage (Nebel 12,6 Tage, Wittdün 10,4 Tage).

Hinzu kommt die »Abrechnungsehrlichkeit« der Norddorfer, die nach Auskunft der Kurverwaltung in den letzten Jahren erfreulich zugenommen hat und dazu führt, daß die Zahl der »schwarzen« Übernachtungen zurückgeht und diese jetzt auch in der Statistik erscheinen.

Von Bedeutung für den Saisonverlauf war aber auch der massive Konjunktureinbruch in der Bundesrepublik. Arbeitsplatzverlust und finanzielle Unsicherheit haben – wenn auch zeitlich verzögert – Einfluß auf das Buchungsverhalten gehabt. Im Urlaub geben die Gäste, so die Beobachtung im Hotel- und Gaststättengewerbe, deutlich weniger Geld aus. – kim –

Die Strandkörbe der Gemeinde Nebel sind – wie bereits früher – wieder in privater Hand, wobei ein verbesserter Service und über die Standgebühr auch eine Rendite für die Kurverwaltung erwartet wird

Aus den Gemeinderatssitzungen

Nebel

Januar

»Die Personalunion von Bürgermeister und Kurdirektor soll nicht satzungsmäßig festgeschrieben werden.« Mit diesem Votum sprach sich der Kurausschuß auf seiner ersten Sitzung im neuen Jahr gegen einen entsprechenden Antrag des Bürgermeisters aus. Ausschlaggebend für die Entscheidung waren die 1994 anstehenden Kommunalwahlen, bei der die Bürgermeisterwahl durch eine Doppelfunktion belastet werde und die Einsicht in die Notwendigkeit, ein Wirtschaftsunternehmen professionell zu führen. »Die Kurbetriebe sind mit einer Bilanzsumme von 1,4 Millionen Mark kein Kleintierzüchterverein«, so ein Diskussionsteilnehmer.

Jahrelang war die Privatisierung der Strandkorbvermietung ein Dauerbrenner bei Gemeinderatssitzungen. Nun sprach sich der Kurausschuß mit 6:1 Stimmen für diesen Schritt aus. Neben rein fiskalischen Gesichtspunkten spielten bei der Entscheidung auch fremdenverkehrspolitische Aspekte mit: mehr Serviceleistungen für den Amrumgast und Freisetzung von Arbeitskräften für andere Arbeiten in der Kurverwaltung.

Der Bauausschuß stellte sich mehrheitlich hinter das Umbaukonzept für den Uasterstigh, welches von der Husumer Tiefbauabteilung des Kreises erarbeitet werden soll. Auf einer Länge von 400 Metern – so der Vorentwurf – soll von der Einmündung des Waaswai bis Tina Meyer die Straße mit rotbraunem Pflaster belegt und verkehrsberuhigt gestaltet werden. Priorität sollen die Fußgänger haben. Bedauert wurde von den Bürgern, daß kein umfassendes Verkehrskonzept für den Ort vorliegt und die Auswirkungen auf die anliegenden Straßen durch eine Verkehrsberuhigung des Uasterstighs nicht ausreichend abgeklärt worden seien.

Eine wesentliche Rolle für das Verkehrsaufkommen spiele auch der geplante Neubau bzw. Erweiterungsbau eines Lebensmittelgeschäftes im unmittelbaren Ortskern. Beide Empfehlungsbeschlüsse, sowohl die Privatisierung der Strandkorbvermietung als auch die Vergabe des Planungsauftrages Uasterstigh wurden von der Gemeindevertretung einstimmig angenommen. 14 Tage später stellte der Planer des Kreises, Erwin Paulsen, das Projekt einer breiten Öffentlichkeit in Nebel vor. Nebels früherer Bauausschußvorsitzender Thomas Petzet kritisierte die Pläne als »Werk eines Tiefbauers, dem die nötige Atmosphäre fehlt« und forderte vorrangig die Überplanung markanter Plätze im Dorf. Aus Kostengründen – für das Projekt sind etwa 750 000 Mark veranschlagt – könne man mit einfachsten Mitteln (Fahrradständer, Blumenkübel) die Geschwindigkeit im Dorf reduzieren und abschnittsweise autofreie Strecken einführen, schlug ein Nebeler Gastronom vor. Offenkundig wurde bei der lebhaften Diskussion der Zielkonflikt, daß der Uasterstigh Hauptversorgungsader Nebels sein soll und gleichzeitig Flanierstraße für ruhesuchende Urlauber.

Februar

Monika Tadsen wird als bürgerliches Mitglied des Kurausschusses vorgestellt. Sie rückt für Marret Jessen nach, die im Herbst 1992 – nach der Wahl ihrer Tochter Eike zur Nebeler Kurdirektorin – zurückgetreten war.

März

Steenodde wurde Tagungsort einer Einwohnerversammlung, weil mit den Betroffenen die Busanbindung an den öffentlichen Nahverkehr durch WDR-Busse erörtert werden sollte. Doch, oh weh: zwei Seelen schlagen in Steenoddes Brust. Man möchte weiterhin Ruhe und Abgeschiedenheit und auf keinen Fall für den Tagestourismus erschlossen werden und andererseits eine Regelung für die Dauergäste, die bislang auf ihre Füße oder teure Taxis angewiesen sind, wenn sie ohne Auto auf die Insel reisen.

Unmittelbar vor Beginn des Ostergeschäftes wurde Erk Winkler und Klaus Jessen die Konzession für die Strandkorbvermietung am Nebeler Hauptstrand zugesprochen. Einstimmig beschloß die Vertretung, die Busanbindung Steenoddes zu beantragen und einen Gehweg im Waasterstigh zu erneuern. Außerdem faßte der Gemeinderat den Grundsatzbeschluß, zwischen Süddorf und Nebel westlich der LIO einen kiesgebundenen Fußweg zu erstellen.

Mai

Zum wiederholten Male muß sich der Bauausschuß mit einem neuen Reitwegeplan befassen. Die Neutrassierung durch den Nebeler Wald parallel zum Tanenwai ist teilweise auf Kritik gestoßen. Die Unter Landschaftspflegebehörde erteilte deshalb nur eine vorübergehende Genehmigung und will im Spätherbst erst nach Anhörung der Betroffenen eine endgültige Entscheidung treffen. Bedauert wurde, daß einige erst kürzlich sanierte Wege durch die Reiterei innerhalb kürzester Zeit kaputtgeritten worden sind und die Kosten durch die Allgemeinheit aufgebracht werden müssen.

Juni

Ehrgeizige Pläne verfolgt der Gemeinderat bei Sanierung der maroden Nebeler Strandhalle. Vier verschiedene Umbauvarianten stellte der Süddorfer Architekt Peter Koritzius der Öffentlichkeit vor, die billigste zum Preis von 600 000 Mark und die teuerste Version für 2,4 Millionen Mark. Die Vertretung favorisierte den kompletten Umbauvorschlag, der neben einem neuen Gastronomiebereich auch im reetgedeckten Dachgeschoß

Ausstellungsräume und Unterbringungsmöglichkeiten für die Rettungsschwimmer vorsieht. Die befürchtete Dominanz des Gebäudes von der Seeseite soll durch eine einfühlsame Architektur vermieden werden. »Insgesamt steht hinter dem gesamten Projekt ein nicht zu übersehendes Fragezeichen, solange die Finanzierungszusage aus Kiel noch nicht vorliegt«, erklärte Bürgermeister Rorandt.

Ein ebensogroßes Fragezeichen hing auch zeitweise über dem traditionellen Nebeler Dorffest. Auflagen des Gewerbeaufsichtsamtes und der Gesundheitsbehörde hatten vielen Veranstaltern das Mitmachen »vermiest«. Gerade die kleinen Buden mit selbstgebackenen Pförtchen, Friesenwaffeln und anderen Eßwaren unterliegen zukünftig strengsten Auflagen.

Auch der Nebeler Gemeinderat wurde 1993 mit dem leidigen Discoproblem konfrontiert. Zahlreiche Jugendliche fragten nach dem Stand der Planung im Gewerbegebiet, wo im Zuge der Erweiterung auch eine Fläche für eine Disco ausgewiesen werden soll. Mit dem Hinweis auf formale Schwierigkeiten beim Planungsverfahren und dem grundsätzlichen Einwand »warum wird immer nur Nebel gefragt«? wurden die jungen Amrumer vertröstet.

September

»Warum tagt der Kurausschuß nicht«? wollten Vermieter vom Bürgermeister Rorandt wissen und beklagten, daß das in der Nachbargemeinde Norddorf heftig umstrittene »Kinderlogo« nicht in Nebel zur Sprache käme. Rorandt sprach sich für dies Kinderlogo aus, sofern dadurch mehr Transparenz und Aussagekraft für den gesamtinsularen Werbeprospekt erzielbar sei.

November

Das Drängen hatte Erfolg: Ausschußvorsitzender Wolfgang Paul berief eine Sitzung des Kurausschusses ein und berichtete von einem

Umfangreiche Sandablagerung aus dem Aushub von Baugruben am Wattufer südlich von Nebel und am Kliff sollen als Küstenschutzmaßnahme die Substanzverluste ausgleichen

guten Saisonverlauf. Sorgen bereite den Politikern aber der drastische Bettenrückgang in der Fremdenverkehrsgemeinde Nebel. Die komplette Umwandlung von Vermietungsbetrieben in privat genutzte Ferienhäuser auswärtiger Käufer und die Übergabe großer Vermietungshäuser an insulare Kureinrichtungen als Dauerwohnungen führten voraussichtlich zu einem Bettenabbau von ca. 100 Betten im kommenden Jahr. Uwe Claußen bezifferte den damit verbundenen Rückgang der Kurabgabe auf mehr als 120000 Mark. Einstimmig sprach sich der Kurausschuß gegen ein Einzugsverfahren der Kurabgabe mittels Computer und Rechnungsstellung aus. Der Kontakt zum Vermieter solle nicht zusätzlich bürokratisiert werden.

In einer Gemeinderatssitzung verteidigt der Bürgermeister den Leerstand einer gemeindeeigenen Wohnung im Gebäude der alten Kurverwaltung. Mit einem großen Transparent hatten Unbekannte auf die Wohnungsnot junger Amrumer hingewiesen und bedauert, daß seit über einem Jahr die Wohnung nicht vergeben wurde. Um bei Personaleinstellungen Handlungsspielraum zu bewahren, müsse mitunter Wohnraum bereitgehalten werden, erklärte der Bürgermeister. Außerdem sei beabsichtigt, die fragliche Drei-Zimmer-Wohnung in zwei kleinere Appartements umzubauen.

Dezember

Als letzte Gemeinde mußte Nebel über einen Gaskonzessionsvertrag mit der Schleswag abstimmen. Obwohl mehrere Informationsveranstaltungen der Gas- und der Ölversorger vorausgegangen waren, tat sich die Vertretung mit der Entscheidung schwer. Mit sieben zu vier Stimmen setzten die Politiker auf Vorschlag des Bürgermeisters die Beschlußfassung deshalb von der Tagesordnung ab, um den Weg für einen Bürgerentscheid freizumachen.

Dieser Antrag fand auf einen erneut einberufenen Gemeinderatssitzung 10 Tage später nicht die erforderliche Zweidrittelmehrheit. Daraufhin stimmte die Vertretung endgültig ab: Mit Ausnahme von Christoph Schmuck lehnten alle gewählten Volksvertreter den Gasanschluß ab und verweigerten der Schleswag das Recht, die Gasleitungen im Gemeindegebiet zu verlegen. In der insgesamt recht emotional geführten Debatte hatten fremdenverkehrs- und wettbewerbspolitische Argumente eine Rolle gespielt: in erster Linie die Furcht, daß der Kurgastbetrieb unter den Gasbauarbeiten im öffentlichen Wegenetz leidet, daß Gewerbesteuereinnahmen zurückgehen und daß die heimischen Heizölhändler durch einen mächtigen auswärtigen Gasanbieter Marktanteile verlieren und die Abhängigkeit der Insel von der Schleswag wächst. Auch Bedenken wegen der Versorgungssicherheit und ökologische Aspekte wurden

angeführt, da die Gasleitung durch das Wattenmeer von Utersum nach Norddorf verlegt werden muß.

In derselben Sitzung begrub der Gemeinderat auch das Umbauprojekt für die Nebeler Strandhalle, da die Finanzierungszusage aus Kiel ausblieb. Einstimmig beauftragte man Architekt Peter Koritzius, die Minimalumbau-Variante für zirka 700 000 Mark umzusetzen. Vorgesehen ist dabei ein neues, leicht angeschrägtes Dach, eine neue Außenverblendung und die Sanierung des Gastronomiebereiches.

Für 33 000 Mark soll außerdem die Entwässerung des Süddorfer Neistigh geregelt werden. Durch die beidseitige Bebauung fehlen jetzt Versickerungsflächen für das Regenwasser, so daß der Weg ständig unter Wasser steht.

Rechtzeitig vor dem Jahreswechsel paßte die Gemeinde ihren Haushaltsplan an die aktuellen Daten an. Die überplanmäßig eingenommenen Gewerbesteuern in Höhe von 153 000 Mark wurden im Nachtragshaushalt berücksichtigt. Mit dem unerwarteten Geldsegen finanzierte die Gemeinde unter anderem den Umbau eines DRK-Wohnhauses im Greenwai für 85 000 Mark und den neuen Bürgersteig im Waasterstigh.

Norddorf

Januar

Was dem einen sein' Uhl, ist dem anderen sein' Nachtigall: Während der Steuerbürger sich über die erhöhten Freibeträge bei der Gewerbesteuer freut, reißt die Gesetzesneuregelung bei den Gemeinden ein Riesenloch in die Haushaltskassen. Um einen Ausgleich zu schaffen, beschloß der Gemeinderat einstimmig, die Grundsteuer A von 240 auf 260 Prozent, die Grundsteuer B von 240 auf 280 Prozent und die Gewerbesteuerhebesätze von 300 auf 320 Prozent zu erhöhen. Damit hoffen die Politiker, das vorausberechnete Minus in der Gemeindekasse von 120 000 auf 70 000 Mark zu reduzieren. Gleichzeitig werden mit dieser Anpassung die Förderungsvoraussetzungen für Investitionsbeihilfen durch den Kreis und das Land erfüllt. Trotz allem ist die Finanzlage der Norddorfer relativ stabil, und mit einer freien Finanzspitze von 14,2 Prozent bleibt genügend Spielraum für Investitionen. So sollen für 160 000 Mark unter anderem die wassergebundenen Wege erneuert werden.

Der Kurhaushalt ist auch im Haushaltsjahr 1993 gezeichnet von den Reparaturaufwendungen für das Schwimmbad, dessen defizitärer Betrieb auch weiterhin den Haushalt belastet. Um drohende Verluste im Kurbetrieb abzuwenden, wurde die Kurabgabe mit Wirkung vom 1. Januar von 3 Mark auf 3,50 Mark angehoben, so daß die Kommunalpolitiker dem Haushaltsplan 1993 in der Hoffnung zustimmten, am Jahresende einen Gewinn von 75 000 Mark verbuchen zu können. Das »Dreier-Team« (Peters, Ruth und Bachmann) sowie alle Mitarbeiter der Kurverwaltung bekamen ein Extralob, weil der »Regierungswechsel« nach dem Rücktritt von Altbürgermeister Schult im Jahre 1992 so reibungslos geklappt hatte.

Das oben genannte Führungstrio zeigt, daß eine Gemeinde auch ohne ersten Bürgermeister und Kurdirektor funktioniert.

Februar

Mit der denkbar knappsten »Mehrheit« von 4:4 Stimmen folgte der Gemeinderat dem Empfehlungsbeschluß des Kurausschusses, keine Discoveranstaltungen in nichtkonzessionierten Räumen mehr zu genehmigen. Mit diesem »harten« Beschluß wollten die Politiker der Forderung der jungen Amrumer Nachdruck verleihen, endlich nach einer Dauerlösung für das seit Jahren schwelende Discoproblem zu suchen. Nach dem Motto: »Wenn wir immer wieder Ausnahmegenehmigungen geben, wird der Leidensdruck nie so groß, daß endlich etwas geschieht«, wagten die Kommunalpolitiker diese unpopuläre Entscheidung, da auch wettbewerbsrechtliche und gesundheitspolitische Bedenken bestanden.

Mit dem Beschluß verband die Vertretung die Auflage, bei den Genehmigungsstellen in Husum und dem potentiellen Grundstücksbesitzer Nebel endlich Nägel mit Köpfen zu machen.

216 000 DM bewilligte der Gemeinderat für die Befestigung von drei innerörtlichen Wegen, um das Regenwasserproblem in den Griff zu bekommen. Für weitere 80 000 Mark soll der Strandübergang betoniert werden, um langfristig die teuren Baggerarbeiten für das Freischaufeln bei Sandverwehungen einzusparen. Darüber hinaus genehmigte die Vertretung außerplanmäßige Finanzmittel für die Sanierung der Schwimmbadduschen. Wie immer hatten sich bei laufenden Umbauarbeiten zusätzlich Schäden in der Bausubstanz des maroden Bades herausgestellt. Auch der Zustand des Badekabinenhauses ist katastrophal und erfordert ein umfassendes Sanierungskonzept.

Unter dem Eindruck der »Massenanstürme« des vorhergegangenen Jahrhundertsommers beschäftigte sich der Kurausschuß erneut mit dem Thema Tagestourismus. Eine Kanalisierung der Besucherströme durch gelenkte Führungen wurde skeptisch bewertet, da Amrums Markenzeichen der Individualtourismus sei. »Hundert Jahre hat uns dieser Individualtourismus gut ernährt«, erinnerte Kurausschußmitglied Peter Kossmann. Kritisiert wurde die Tarifgestaltung der WDR, die den Tagestourist für weniger Geld auf die Insel befördere als den 2-Wochen-Amrum-Gast. »Das ist tarifpolitisch nicht mehr zeitgemäß und widersinnig«, stellte dazu Hartmut Hesse fest. Der Kurausschuß pochte auf sein Mitspracherecht – auch gegenüber der Amtsverwaltung – in Sachen Tarifgestaltung und legt Wert auf die Einbeziehung der örtlichen Interessenvereine wie Dehoga und HGV.

Mai

Wegen eines Formfehlers stand die Entscheidung über Sondergenehmigung für Discoveranstaltungen erneut auf der Tagesordnung. Nicht zuletzt der massive Protest der betroffenen jungen Leute sorgte für geänderte Mehrheiten: Bei der erneuten Abstimmung votierte der Gemeinderat für den Vorschlag des Finanzausschusses, alle vier Wochen eine Disco in Norddorf zu genehmigen. Lediglich Peter Kossmann stand zu seinem März-Votum.

September

Ein Fragebogen zum Thema »Kinderfreundlichkeit«, der an alle Vermieter der Insel verschickt wurde, löste in Norddorf eine sehr lebhafte und kontroverse Diskussion aus. Der Werbeausschuß der Bädergemeinschaft wollte mit dieser Umfrage mehr Wahrheit und Klarheit für den quartiersuchenden Amrumgast im gesamtinsularen Wohnungsanzeiger bewirken, berichtete Chris Johannsen von der Kurverwaltung. Bei den Norddorfer Vermietern wurden die Anforderungsprofile (z. B. Kinderhochstuhl, gesicherte Küchengeräte, Zaun um Grundstück), die zukünftig für die Vergabe des Symbols »kinderfreundlich« Voraussetzung sein sollten, jedoch kritisiert.

Die Mehrheit der bei der Gemeinderatssitzung anwesenden Vermieter wertete dies als Beginn eines Zentralismus, bei dem man sich an Reisebürokriterien anschließe. Trotz der Diskussion stand der Gemeinderat mehrheitlich hinter dem Vorschlag der AG Werbung. Auf der gleichen Sitzung sprach sich die Vertretung einstimmig für die Unterzeichnung eines Konzessionsvertrages mit der Schleswag aus. Das Rendsburger Energieversorgungsunternehmen plant, eine Erdgasleitung durchs Watt von Föhr nach Amrum zu verlegen und alle Amrumer Gemeinden an das schleswig-holsteinische Erdgasnetz anzuschließen. Dabei gehe es, so stellte Jan Ruth als stellvertretender Bürgermeister fest, nur um das Recht, Leitungen auf öffentlichen Wegen zu verlegen. Auf keinen Fall sei mit der Entscheidung eine Anschlußpflicht für private Haushalte verbunden.

Auf jeden Fall soll aber bei der Umstellung der maroden Schwimmbadheizung von vornherein berücksichtigt werden, daß die Anlage künftig mit dem neu angebotenen Energieträger Erdgas betrieben wird. Die technischen Voraussetzungen erlauben es jederzeit, durch einen Brennerwechsel von Erdöl auf Erdgas umzusteigen, berichtete Jan Ruth, der in Verhandlungen mit der Schleswag eine Kostenübernahme für die Umstellungskosten ausgehandelt hatte.

Durch eine einmalige Sonderabschreibung in Höhe von 636 000 Mark wird der Buchwert des seit Jahren überbewerteten Schwimmbades den Realitäten angepaßt. Durch diesen Beschluß des Gemeinderates, der vom Landesrechnungshof und den Wirtschaftsprüfern nach intensiven Verhandlungen genehmigt wurde, werden die zukünftigen jährlichen Abschreibungen verringert und der Kurhaushalt langfristig entlastet. Der durch diese (Buch)-Transaktion entstandene Verlust im Kurhaushalt soll durch den Gemeindehaushalt ausgeglichen werden.

Um auch weiterhin die Anerkennung als Nordseeheilbad für Norddorf zu sichern, werden umfangreiche Eingaben beim Heilbäderverband beschlossen. Dabei geht es um die Genehmigung der Brunnensole als ortsgebundenes Heilmittel. Die Gemeindevertretung hofft, daß der Betreiber des Kurmittelhauses (Wiking GmbH und Co KG) dadurch um die Bohrung eines Salzwasserbrunnens für die Beschickung der Inhalation und Wannenbäder herumkommt.

Deutlich reagierte die Norddorfer Gemeindevertretung auf die Kritik an ihrer Entscheidung für Erdgas seitens der Amrumer Raiffeisenbank. Deren Geschäftsführer hatte sich, so der amtierende Bürgermeister Volkert Peters, auf der Jahreshauptversammlung »in polemischer Weise über die Gemeinde Norddorf geäußert«. Einstimmig beschloß die Vertretung deshalb, zwei Genossenschaftsanteile zurückzugeben und Termingelder anderweitig anzulegen.

Wittdün

Januar

»Mein Ziel ist es, im nächsten Jahr um diese Zeit den Grundstein zu legen«, mit diesen Worten umriß Bürgermeister Klaus Theus seine ehrgeizigen Pläne zur Bebauung des sogenannten Filetgrundstücks in unmittelbarer Nähe des Wittdüner Fährhafens. Auf diesem ehemaligen Kurmittelhaus-Grundstück soll ein Gebäude mit Fremdenverkehrseinrichtungen, Gewerbeflächen, sozialem Wohnungsbau und Eigentumswohnungen entstehen.

Gleich im Januar stolpert Jens Petersen über den ersten großen »Stein« und legt seinen Vorsitz im Kurausschuß nieder. Dieser hatte sich nicht mehrlich seinem Wunsch angeschlossen, die sanierungsbedürftige Kurverwaltung auf dem Filetgrundstück zu verlegen. Um hier eine Grundstücksausnutzung zu erreichen, die sich auch rechnet, müssen – so die Auflage des Kreisbauamtes – gemeindliche oder gesamtinsulare Fremdenverkehrseinrichtungen dort einziehen. In Frage kommen die Kurverwaltung Wittdün und die Bädergemeinschaft Amrum.

Vor allen Dingen organisatorische und betriebswirtschaftliche Gründe sprechen nach Aussage des Kurdirektors Klüßendorf gegen eine Verlegung der Kurverwaltung, »Kurpark, Verwaltungsgebäude, Veranstaltungshalle und Betriebshof sind ein zusammenhängender Komplex«, meint der Kurdirektor und hebt die Nähe zum Strand und die zentrale Lage in der verkehrsberuhigten Mittelstraße hervor. Auch die Furcht, daß ankommende Gäste den Unterschied zwischen Bädergemeinschaft und Kurverwaltung nicht kennen und nicht wissen, an wen sie sich wenden sollen, spricht gegen eine Verlegung. Unbestritten ist jedoch die Problematik, einen Bauhof mitten im Kurzentrum unterzubringen.

Auch aus dem Fremdenverkehrsverband wollte die Mehrheit der Kurausschußmitglieder nicht austreten. Jens Petersen hatte diese Forderung vor dem Hintergrund des Verlustausgleichs des überregionalen Zimmervermittlungssystems SHT durch die Mitglieder des Fremdenverkehrsverbandes vorgetragen. Ohne Probleme verabschiedete die Gemeindevertretung den Kurhaushalt, der die optimistische Prognose im Fremdenverkehrsgewerbe widerspiegelt und einen Jahresgewinn von 75 000 Mark prognostiziert. Glatt über die Bühne ging auch die Verabschiedung des

Der Wittdüner Kurpark ist mit seinem naturierten See inzwischen ein Schmuckstück geworden

Gemeindehaushaltes, der mit einer freien Finanzspitze von 19,8 Prozent noch genügend Spielraum für Investitionsvorhaben im Gemeindegebiet läßt. Unter anderem beschließt die Vertretung, mit diesen Mitteln den Strandübergang Achtern Strand zu sanieren (95 000 DM) sowie die Oberflächenentwässerung im Ort weiter zu verbessern. Allein 25 000 Mark werden für Pflegemaßnahmen im Liselott-Hain bereitgestellt.

März

Im Vorfeld der Inselkonferenz, auf der gemeinsame Fremdenverkehrsstrategien zwischen Föhr und Amrum erarbeitet werden sollen, befaßte sich der Kurausschuß mit dem Problem Tagestourismus. Ähnlich wie in Norddorf wurde auch in der am meisten mit

den Besucherströmen konfrontierten Gemeinde Wittdün Handlungsbedarf erkannt, da »die Exzesse, die wir zeitweise erleben, nicht unbedingt eine Werbung für Amrum sind«, so ein Mitglied des Kurausschusses. Will der typische Amrumgast überhaupt »gelenkt« werden, und wollen die Nachbargemeinden gelenkte Führungen durch ihre Friesendörfer? Das waren die zentralen Fragen. Bürgermeister Klaus Theus regte an, die Reedereien, die die Touristen im Hochsommer in Scharen auf die Insel transportieren, stärker in die Verantwortung zu ziehen – zum Beispiel über die Erhöhung der Kaigebühren und eine Tarifgestaltung, durch die ein kostenloser Busverkehr auf der Insel mitfinanziert werden könne.

»Opas Kur ist tot«, stellte Kurdirektor Carl-

Hermann Klüßendorf fest und berichtete von »deutlichen Mengeneinbrüchen im Kurmittelbereich von 20 Prozent infolge des Gesundheitsstrukturgesetzes«. Eine Fußpflegeabteilung und Kosmetikangebote sollen die Defizite kompensieren. Zu allem Überfluß kostet der Beratungsauftrag mit dem Apotheker des Heilbäderverbandes viel Geld, und künftig muß darüber hinaus auch noch eine Hygienesachverständige für sage und schreibe 400 Mark im Monat kontrollieren, ob im Kurmittelhaus sauber geputzt wird.

Nach den schlechten Erfahrungen im letzten Sommer will die Gemeinde in Zukunft Sorge dafür tragen, daß der Zeltplatz nicht zum Reservepuffer für die Überbelegung der Insel wird. Durch strenge Parzellierung sollen eine Qualitätssicherung gewährleistet und Maßnahmen in Angriff genommen werden, die eine Verlängerung der Zeltsaison ermöglichen, um dem Pächter ein Auskommen zu sichern. Als vorgezogenen Aprilscherz bewerten entsetzte Amrumer den Beschluß des Kurausschusses, Campingwagen anzumieten, in denen Personal der Kurverwaltung während der Saison untergebracht werden soll. Damit folgt die Gemeinde Wittdün »unkonventionellen« Problemlösungen, die auch andere Träger öffentlicher Belange auf der Insel ergriffen haben, um der Wohnungsnot Herr zu werden. Wie etwa das ALW, das seinen Bauhof inklusive Wohncontainer auf der Amrumer Odde eingerichtet hat, und das WSA, das Personal in Wohnschiffen unterbringt.

April

Noch ist es so kalt, daß man es kaum glauben kann: Die Kommunalpolitiker sprechen sich für »Wintercamping« auf Amrum aus und stimmen grundsätzlich einem neu überarbeiteten Campingplatzkonzept zu, in dem unter anderem feste, beheizbare Sanitärgebäude im Gelände vorgesehen sind und Blockhäuser zur witterungsunabhängigen Unterbringung von Gästen während der kalten Jahreszeit.

Nur Karsten Peppmüller versteht die Welt nicht mehr: »Ich bin nicht bereit, aus wirtschaftlichen Gründen die Natur zu opfern und ein zweites Dorf in den Dünen mitzuverantworten«, meint das Gemeinderatsmitglied und erinnert daran, daß bei der Zeltplatzgründung die Idee im Mittelpunkt gestanden habe, den Dünencharakter zu erhalten und Zelten zu erlauben. Durch Dauercamping in Wohnwagen gerieten die echten Zelter jedoch ins Hintertreffen. Wie schon häufig liegt die Entscheidung über die Umstrukturierung bei der Unteren Landschaftspflegebehörde, bei der »ausgelotet werden soll, was man darf und was nicht«.

Mai

Schon wieder geht es um das »Filetgrundstück«: Auf einer Einwohnerversammlung holt sich der Bürgermeister eine Abfuhr, denn die Mehrheit der anwesenden Wittdüner läßt sich von den Argumenten des Kurdirektors überzeugen und spricht sich gegen eine Verlegung der Kurverwaltung auf das Grundstück am Fähranleger aus. Erstmalig spielt bei dieser Diskussion das Wohnungsproblem auf Amrum eine Rolle. Neben den Sozialwohnungen, die im neuzuerstellenden Gebäude auf dem Filetgrundstück entstehen sollen, verspricht der Bürgermeister, die derzeitige Kurverwaltung ebenfalls nach dem Umzug für Wohnzwecke umzubauen. Allerdings ohne Erfolg: 16 Wittdüner sind gegen die Verlegung und elf dafür.

Einig ist man sich in der Beurteilung der maroden Bausubstanz des Wittdüner »Schwimmbades« – der größten Badewanne der Insel, die »ohne Beschönigung als abgängig zu bewerten ist«. Nur das Finanzierungsrisiko schreckt die Einwohner vor einer uneingeschränkten Zustimmung zur Neubauplanung ab. Die bösen Erfahrungen der Vergangenheit mit immensen Folgekosten und ungelösten Kooperationsproblemen mit den Nachbargemeinden zeigen nach wie vor Wirkung.

Der Bürgermeister handelt nach der Prämisse: »Wir stimmen solange ab, bis das Ergebnis stimmt«. Bei einer erneuten »Bürgerbefragung« sprechen sich von 15 anwesenden Wittdüner Bürgern elf für die Verlegung der Kurverwaltung an den Fähranleger aus, und nur vier ziehen den alten Standort in der Mittelstraße vor. In der darauffolgenden Sitzung des Gemeinderates fiel die Abstimmung mit sechs zu drei Stimmen für die Verlegung deutlich aus. Ausschlaggebend für die Entscheidung war letztlich die Maßgabe der Baugenehmigungsbehörde, die eine höhere Grundstücksausnutzung nur unter der Prämisse zusagte, daß eine gemeindliche Nutzung für Fremdenverkehrszwecke in dem neuen Gebäude angestrebt wird. Die Geschoßfläche würde sich bei Nichtbeachtung dieser Auflage von 2910 auf 2000 Quadratmeter reduzieren. Darüber hinaus teilt Amtsvorsteher Peter Martinen mit, daß der Umzug der Bädergemeinschaft in das neuzuerstellende Gebäude davon abhängig gemacht wird, daß auch die Wittdüner Kurverwaltung dorthin umzieht.

Gemeinderatsmitglied Freya Paulsen, die zusammen mit Renate Matzen und Karsten Peppmüller gegen die Verlegung votierte, bedauerte, daß in einer so wichtigen Frage nicht alle Wittdüner Bürger nach ihrer Meinung gefragt worden seien. Aus diesem Grunde hatte sie zu Sitzungsbeginn eine Bürgerbefragung gefordert, war jedoch mit ihrem Antrag an der erforderlichen Zweidrittelmehrheit gescheitert.

Zehn Monate vor der Kommunalwahl ist noch einmal großes Stühlerücken im Gemeinderat angesagt: Okke Schmidt, der nach Nebel verzogen ist, wird durch Kay Seesemann ersetzt. Der junge Wittdüner Hotelier übernimmt auch Sitz und Stimme im Kurausschuß für den zurückgetretenen Jens Petersen. Dieser wird stattdessen Bauausschußmitglied. Annelene Sörensen, wohnhaft in Wilster/Dithmarschen, wird bürgerliches Mitglied im Kurausschuß – ein Posten, der durch das Aufrücken von Kay Seesemann ebenfalls vakant geworden war.

Für die Südspitzenbebauung zwischen Oberer Wandelbahn und Hauptstraße erläßt die Gemeindevertretung eine Satzung »über die Zweckbestimmung für Fremdenverkehrsgebiete«, ähnlich wie zuvor schon die Gemeinden Nebel und Norddorf. Mit dieser Satzung will man der Tendenz entgegentreten, gewerblich genutzte Ferienwohnungen durch Teilung in Zweitwohnsitze umzuwandeln und durch vornehmlich private Nutzung der Fremdenverkehrswirtschaft zu entziehen.

Juni

Frist- und formgerecht reichen Altbürgermeister Karl-Heinz Kanzler, Peter Jürgensen und Helga Peppmüller eine Liste mit Unterschriften von 66 Wittdüner Bürgern bei der Amtsverwaltung ein und leiten damit den ersten Bürgerentscheid auf Amrum und den vierten im gesamten Kreisgebiet ein. Die unterzeichnenden Bürger sprechen sich gegen eine Verlegung der Kurverwaltung aus und wollen, daß der entsprechende Gemeinderatsbeschluß vom Mai wieder aufgehoben wird.

Juli

Nichts bleibt, wie es ist – schon gar nicht der Amrumer Strand. Der Wittdüner Kurausschuß mußte sich deshalb mit den Auswirkungen der zunehmenden Verschlickung des ortsnahen Badestrandes unterhalb der Kurpromenade befassen. Es wird vorgeschlagen, einen neuen Badestrand in nördlicher Richtung einzurichten und dort die Strandkorbvermietung zu privatisieren. Diese Empfehlung spricht der Kurausschuß unter neuem Vorsitz aus: Kay Seesemann hat den wichtigen Posten im Nordseeheilbad übernommen und tritt damit die Nachfolge von Jens Petersen an.

In einer Gemeinderatssitzung beschließen die Kommunalpolitiker die notwendigen und recht komplizierten Regularien für den Bürgerentscheid über den Umzug der Kurver-

Drei Wittdüner Bürger, Peter Jürgensen, Helga Peppmüller und Karl-Heinz Kanzler, reichen eine Unterschriftenliste zum Bürgerbegehren Standort Kurverwaltung ein

waltung auf das »Filetgrundstück«. In der gleichen Sitzung sprechen sie sich für eine sachliche Auseinandersetzung mit dem neuen Schnellschiff »Adler Express« aus und warnen vor vorschnellen Verurteilungen ohne Kenntnis der Fakten.

August

Drei Monate galt probeweise auf allen Straßen im Gemeindegebiet die »Rechts-vor-links«-Regelung. Zu einem endgültigen »Ja« zu dieser Regelung konnten sich die Gemeindevertreter jedoch nicht durchringen, da die Sicherheit der Fahrradfahrer und Kinder nicht gewährleistet ist. Insbesondere parkende Autos vor Straßeneinmündungen bereiten Bauchschmerzen. Deshalb wird eine Kommission eingesetzt – mit Jürgen Jungclaus an

der Spitze –, die ergänzende Sicherheitsmaßnahmen vorschlagen soll.

Was wäre eine Gemeinderatssitzung ohne das »Filetgrundstück«: Die Politiker legen den 19. September als Tag des Bürgerentscheides fest und beschließen ein aufwendiges Informationsverfahren, um den Bürgern die komplizierte, bürokratische Fragestellung bei dem »Verlegungsbeschluß« zu erläutern.

September

Das Ergebnis ist knapp: 157 Wittdüner stimmten beim Bürgerentscheid für die Verlegung der Kurverwaltung auf das Filetgrundstück und 145 votierten für die Beibehaltung des bisherigen Standortes in der Mittelstraße. Damit bleibt der »Umzugsbeschluß« des Gemeinderates in Kraft. Die Wahlbeteiligung betrug 55 Prozent. Nun ist der Weg frei für den Neubau eines kombinierten Wohn-, Geschäfts- und Verwaltungshauses in unmittelbarer Nähe des Wittdüner Fähranlegers. Kurdirektor Klüßendorf bedauert, daß die Entscheidung über den künftigen Standort der Kurverwaltung nicht unter fremdenverkehrswirtschaftlichen Aspekten gefallen ist, sondern das Angebot von zusätzlichen Sozialwohnungen die Entscheidung überlagert habe. Bürgermeister Theus bemängelt, daß von den 17 Einwohnern seiner Gemeinde, die einen Antrag auf eine Sozialwohnung im geplanten Neubau gestellt haben, nicht einmal 10 zur Abstimmung erschienen sind.

Diese Aussage veranlaßt einen Wittdüner Bürger, eine Dienstaufsichtsbeschwerde wegen Bruchs des Wahlgeheimnisses gegen den Bürgermeister einzureichen, verbunden mit Vorwürfen massiver Einflußnahme auf Sozialwohnungsinteressenten im Vorfeld des Bürgerentscheides.

Oktober

Der Absturz der Deckenverkleidung im Schwimmbad mitten im Hochsommer hat auch dem letzten Wittdüner Gemeindevertreter die Augen geöffnet: »Wir müssen jetzt entscheiden, wie es weitergeht«, stellte Kurausschußvorsitzender Kay Seesemann fest. Da die derzeitige Einschwimmhalle nach Aussage des Kurdirektors »so gemütlich wie die Niebüller Bahnhofshalle ist« und Sicherheits- und Hygienevorschriften kaum noch eingehalten werden können, wird mehrheitlich der Grundsatzbeschluß gefaßt, das Meerwasserhallenbad an- und umzubauen. Voraussetzung für den 6,5-Millionen-Mark-Umbau ist jedoch die definitive Zusage aus Kiel, daß das Projekt mit 50 % Landesmitteln subventioniert wird.

November

Mehrheitlich (mit sechs Männer- gegen drei Frauenstimmen) wird die Dienstaufsichtsbeschwerde gegen den Wittdüner Bürgermeister Klaus Theus vom Gemeinderat abgewiesen. Die Mehrheit mag im persönlichen Verhalten des Bürgermeisters keine Amtspflichtverletzung erkennen – so die offizielle Erklärung. Damit ist der Bürgermeister rehabilitiert und ein Diziplinarverfahren gegen ihn abgewehrt.

Genauso wie die Gemeinde Norddorf unterzeichnet auch Wittdün den Konzessionsvertrag mit der Schleswag, der dem Rendsburger Unternehmen das Recht einräumt, im öffentlichen Wegenetz der Gemeinde Erdgasleitungen zu verlegen.

Dezember

Auf der letzten Sitzung im Jahr konnte die Vertretung einen äußerst erfreulichen Nachtragshaushalt verabschieden, da die Gewerbesteuereinnahmen um 231 000 Mark höher ausgefallen waren als erwartet. Mit dem unerwarteten Geldsegen finanzierte die Gemeinde per Vermögenshaushalt den neuen Fußweg zwischen Landhaus und DRK und legt den Rest auf die hohe Kante, um genügend Geld für wichtige Infrastrukturinvestitionen zugunsten des Fremdenverkehrs anzusparen. Viel Lob erntete Jürgen Jungclaus für sein Wittdüner Verkehrskonzept, welches flankierende Maßnahmen zur »Rechts-vor-links«-Regelung vorschlägt und Park- und Entladungszonen in der Hauptstraße vorsieht. Einstimmig beauftragte die Vertretung den »Verkehrsexperten«, umgehend mit den zuständigen Behörden in Husum und Flensburg zu verhandeln, um schon in der kommenden Saison »Nägel mit Köpfen zu machen«.

Aus dem Amtsausschuß

Januar

»Gemeinsamkeit soll auf der Insel das höchste Gebot sein«, wünscht sich Amtsvorsteher Peter Martinen für das Jahr 1993, und zumindestens im Amtsausschuß wird dieser Wunsch in Erfüllung gehen: Fast alle Beschlüsse, die dieses Gremium im Laufe des Jahres faßt, werden von allen Ausschußmitgliedern und damit indirekt auch von allen drei amtsangehörigen Gemeinden gemeinsam und in der Regel einstimmig getragen. Die oft beklagte »Allzuständigkeit« der Amtsverwaltung kann 1993 so stark nicht gewesen sein, denn bis einschließlich April tagte der Amtsausschuß kein einziges Mal – zumindestens nicht öffentlich.

Juli

Mit der Verkehrssituation auf dem Fähranleger in Wittdün beschäftigt sich der Werkausschuß der Versorgungsbetriebe. Während Wittdüns Vertreter Jürgen Jungclaus von einem »Verkehrsdollpunkt« spricht und sich wundert, daß noch nichts passiert ist, spricht Ausschußvorsitzender Hark Thomsen nur von »gelegentlichen Höhepunkten im Verkehrsaufkommen«.

Einstimmig beschloß der Ausschuß die Ausschreibung der Bauarbeiten für die Erweiterung des Wasserwerkes in Nebel-Westerheide. Das Investitionsvolumen beläuft sich auf 442 000 Mark. Die Baugenehmigung wurde nur für einen Anbau, jedoch nicht – wie ursprünglich geplant – für ein seperates Garagengebäude beantragt. Nach wie vor laufen Einspruchsverfahren bei den Genehmigungsbehörden, da Anlieger gegen den Bau im Landschaftsschutzgebiet protestieren.

Der Werkausschuß der Bädergemeinschaft muß sich mit dem »Fall Hoffmann« beschäftigen. Die Werkleiterin hatte im Handelsregister eine private Zimmervermittlung Amrum auf ihren Namen eintragen lassen, obwohl Amtsvorsteher Peter Martinen hierzu nicht die im öffentlichen Dienst nötige Einwilligung gegeben hatte. Abgesehen davon, daß die drei Inselgemeinden sich mehrheitlich gegen eine zentrale Zimmervermittlung ausgesprochen haben, wurde auch eine Interessenkollision bei der Benutzung sogenannten »Insiderwissens« befürchtet.

Nun wurde außerdem bekannt, daß Dienstpost in das private Postfach der Werkleiterin umgeleitet worden war, wodurch das Vertrauensverhältnis – nach Meinung der Werkausschußmitglieder – tief gestört worden ist.

August

Einstimmig vergibt der Amtsausschuß die Maurerarbeiten zur Erweiterung des Wasserwerkes an ein heimisches Bauunternehmen. Inzwischen sind die Einsprüche der Anwohner bei der Bauverwaltung in Husum und im Kieler Innenministerium zurückgewiesen worden, und die Anordnung »zum sofortigen Vollzug« der Baugenehmigung liegt vor. In dem 140 Quadratmeter großen Anbau sind unter anderem ein Laborraum, Büroräume und Sanitäreinrichtungen vorgesehen.

Oktober

Der leitende Verwaltungsbeamte Erwin Meinert wird zum Gemeindewahlleiter für die im Frühjahr 1994 anstehenden Kommunalwahlen bestimmt.

Außerdem erläßt der Amtsausschuß eine neue Hafensatzung, in der die Regularien für die Benutzung der beiden kommunalen Häfen der Insel festgelegt werden. Dem Amt beziehungsweise den amtseigenen Versorgungsbetrieben unterstehen der Wittdüner Fährhafen und die Anlegestelle in Steenodde. In der neuen Satzung wird festgelegt, daß der Fährhafen dem Personenverkehr, der Fahrzeugbeförderung und der Beförderung von Gütern, die auf Fahrzeugen transportiert werden,

Das erweiterte Wasserwerk

dient. Ebenfalls erfolgt ab Wittdün die Verschiffung des Mülls, der Post und die Stückgutbeförderung. Der Umschlag von Massengütern hat – so die neue Satzung – in Steenodde zu erfolgen.

November

Vier Jahre nach dem »Computeraufstand« auf Amrum, der unter anderem zum Rücktritt von Nebels Bürgermeister August Jakobs führte, bestellt das Amt Amrum für 140 000 Mark eine neue Datenverarbeitungsanlage. Diese Anschaffung war zwar im Haushaltsplan nicht vorgesehen, konnte aber über einen Nachtragshaushalt finanziert werden. Bauchschmerzen bereitet einigen Amtsausschußmitgliedern die Monopolstellung des Software-Lieferanten, der das Amt praktisch zwingt, auch die Geräte zu einem teuren Preis beim Programmanbieter zu bestellen. Da der Flurschaden des letzten umstrittenen Computerkaufes noch nicht bereinigt ist und das Amt

»noch eine Leiche im Keller hat, für die wir viel Geld bezahlen«, stimmt Norddorfs Vertreter Jan Ruth der Anschaffung nicht zu. Im Verwaltungshaushalt des Amtes wurden per Nachtrag auch die Einnahmen korrigiert, da infolge der langfristigen Sanierungsarbeiten am Leuchtturm die Einnahmen aus der Leuchtturmbesichtigung um 60 000 DM niedriger ausgefallen waren. Mehreinnahmen aus Zinsen und Gebühren in Höhe von 120 000 Mark gleichen diese Mindereinnahmen aus, so daß nach Berücksichtigung von kleineren überplanmäßigen Ausgaben 24 000 Mark zusätzlich dem Vermögenshaushalt zugeführt werden konnten.

In gleicher Sitzung reagierte der Amtsausschuß auch auf die Änderung der Abfallbeseitigungssatzung des Kreises. Dieser hatte die »Müllhoheit« wieder an sich gezogen, nachdem sie jahrelang mit Erfolg auf das Amt Amrum übertragen worden war. Lediglich das Gebühreneinzugsverfahren soll beim Amt bleiben, sofern dieses beantragt wird. Da es sich dabei um eine recht lukrative Dienstleistung handelt, entschloß sich der Amtsausschuß, diesen Antrag zu stellen – bringt er doch zusätzlich 84 000 Mark für den Gebühreneinzug in die Amtskassen, denen nur circa 30 000 Mark echte Kosten gegenüberstehen. Der Müllbürger muß also kräftig zahlen, nicht nur für die enorm gestiegenen Abfuhrkosten, sondern indirekt auch noch für ein kostentreibendes Einzugsverfahren.

Dezember

Der Werkausschuß der Bädergemeinschaft reagiert auf die Klagen Amrumer Vermieter, die über das »Nichterscheinen« des Wohnungsanzeigers 1994 verärgert sind. Ausschußvorsitzender Volkert Wollny begründet das späte Erscheinen (Jan. 1994) mit den hohen Restbeständen des 93er Prospektes und mit organisatorischen Schwierigkeiten. Außerdem sei in den vergangenen Jahren bemängelt worden, daß der Wohnungsanzeiger eher zu früh in Arbeit gehe und Gebührenanhebungen und Preissteigerungen für die Vermieter nicht rechtzeitig kalkulierbar gewesen seien.

»Beerdigt« wurde in gleicher Sitzung auch die AG-Werbung, ein Unterausschuß des Werkausschusses, in dem sich schon seit längerer Zeit wegen mangelhafter Vorgaben seitens der Politiker Frust breit gemacht hatte. »Sollen wir für eine Rentnerinsel Amrum werben oder für eine kinderfreundliche Insel, ganzjährig oder nur für die Sommersaison?«, fragte Chris Johannsen von der Norddorfer Kurverwaltung. Solange kein schlüssiges Fremdenverkehrskonzept für die Insel vorliege, könne auch keine sinnvolle Werbekonzeption erstellt werden, pflichteten ihm die anderen Mitglieder bei. Der Werkausschuß war ob dieser Entwicklung überrascht und will zügig für Abhilfe sorgen.

Nach langen »Geburtswehen« verabschiedet der Amtsausschuß als eines der letzten Kreisgremien den Schulentwicklungsplan für die Insel Amrum. Langfristig – so die Prognose – wird die Schülerzahl auf der Insel eher steigen. Von Extremwerten abgesehen, pendelt sich die Übergangsquote auf die Realschule bei etwa 80 Prozent ein. »Insgesamt können wir auf eine recht optimistische Perspektive für den Erhalt des Schulstandortes Amrum verweisen«, stellte der Amtsvorsteher Peter Martinen zufrieden fest.

Pünktlich zum Jahresende verabschieden die beiden Werkausschüsse des Amtes ihre Haushaltspläne für das kommende Jahr. Bei den Versorgungsbetrieben wird eine Anpassung auf der Einnahmeseite erforderlich, da wegen der erhöhten Wasserabnahme in Nebel jetzt auch mehr Gebühren eingenommen werden. Große Investitionen sind für 1994 nicht geplant. Bei der Bädergemeinschaft bewegt sich der Haushaltsplan im Rahmen des Vorjahres mit den üblichen Anpassungen im Personalbereich und unter Berücksichtigung erheblicher Porto-Mehrausgaben. Erneut wird kein Geld für die Umgestaltung des Amrumer Wohnungsanzeigers bereitgestellt.

Einen »Umzugsbeschluß« für das Büro der Bädergemeinschaft gibt es bis Jahresende nicht. Offiziell hat sich das zuständige Gremium mit dieser Frage nicht beschäftigt, so daß die Planungen für den Umzug in das Gebäude auf dem Wittdüner »Filetgrundstück« nach wie vor spekulativ bleiben. -ki-

Das Jahr in der Amrumer Natur

Ein Robbensommer

Das Jahr 1993 begann mit einem ungewöhnlichen »Naturereignis« für Spaziergänger auf der Wittdüner Strandpromenade. Nach anhaltenden Sturmtagen mit hohen Wasserständen ging hier Mitte Januar eine junge Kegelrobbe an Land, robbte die Asphaltböschung hinauf, überwand auch die halbmeterhohe Begrenzungsmauer zum Dünenwall und legte sich dort im Strandhafer zur Ruhe. Das schon sehr stattliche und gut genährte Jungtier war noch vollständig im weißen Geburtskleid, aber doch schon von der Mutter unabhängig und in der Übergangsphase von der Säugezeit zur Selbständigkeit. In dieser Zeit leben junge Kegelrobben bis zu zwei Wochen

ohne jegliche Nahrungsaufnahme, ehe sie ihren weißen Pelz (Embryonalkleid) verlieren und, schlank geworden, in der Nordsee verschwinden. Jedenfalls ließ das Jungtier keine Hungerrufe, ein etwas rauheres »Heulen« als bei jungen Seehunden, hören, sondern ruhte sozusagen im eigenen Fett. Die junge Kegelrobbe störte sich auch nicht am Publikum und setzte, wenn jemand zu nahe kam, knurrend zum Angriff an. Trotzdem stellte die Schutzstation Wattenmeer Betreuer auf, um jedenfalls Spaziergänger mit größeren Hunden fernzuhalten. Nach reichlich zwei Tagen empfahl sich die Kegelrobbe dann mit dem Nachthochwasser. Es ist übrigens nicht das erste Mal, daß eine junge Kegelrobbe eine

Säugende Kegelrobben-Mutter am Amrumer Strand

Sturmflut auf der Strandpromenade Wittdün überdauert. Auch 1992 wurde dort ein Jungtier registriert.

Am 16. Januar kam es – wie schon Anfang Januar 1992 – erneut zu einer Kegelrobbengeburt am Norddorfer Strand. Auch diesmal dürften der tagelang dauernde Sturm und die Überflutung des Jungnahmensandes der Anlaß gewesen sein, daß die Kegelrobbenmutter den Amrumer Strand aufsuchte. Das Jungtier lag ziemlich verloren aufgespült auf den Kniep, wurde aber zum Flutsaum getragen und dort wenig später von der Mutter gesäugt. Die Mutter blieb querab vom Jungtier im Brandungsbereich, steckte immer wieder den Kopf aus der Flut, um nach dem Jungtier zu sehen und war am nächsten Tag bei abflauendem Sturm mit dem Nachwuchs verschwunden.

Geburten am Amrumer Strand dürften sich in zukünftigen Jahren häufen. Der Jungnahmensand flacht immer mehr ab und wird, wenn die Entwicklung so weitergeht, in absehbarer Zeit kaum noch über Mittelhoch- bzw. Springfluthochwasser liegen. Nicht wenige Stimmen schreiben dies der mehrfachen Sandentnahme im Vortrapptief für die Sandaufspülung Sylter Küsten zu. Ist aber der Jungnahmensand unter MTHW abgebaut, müssen sich die Kegelrobben andere Plätze suchen. Am ehesten bieten sich Norder- und Süderoogsand dazu an, bedingt (falls abgesperrt) auch die Hörnumer Odde. Oder die Kegelrobben verschwinden wieder von hiesigen Küsten.

Das Jahr 1993 war auch in anderer Beziehung ein »Robbenjahr«. Obwohl im Laufe des Jahres einige tote Seehunde geboren und, wie üblich, vom unverändert zuständigen Seehundsbetreuer Hans Petersen zur Untersu-

Junge Klappmütze – erstmalig im Sommer 1993 auf Amrum und an der deutschen Nordseeküste registriert

chung nach Kiel gesandt wurden, haben sich die Seehunde an der Nordseeküste seit dem Seuchenjahr 1988 so stark vermehrt, daß von lokalen Ausnahmen abgesehen der vorherige Bestand nicht nur erreicht, sondern sogar übertroffen worden ist. Auf dem Teeknob wurden in der Sommermitte bis zu 800 Seehunde gezählt. Damit ist diese Sandbank der absolute Schwerpunkt des Seehundvorkommens an der deutschen Nordseeküste.

Unter den Totfunden dieses Jahres befand sich aber auch eine *Ringelrobbe*. Und weitere Tiere dieser Art sollen auf den Seesänden registriert worden sein. Ringelrobben tauchten im Laufe dieses Jahrhunderts gelegentlich an unseren Küsten auf. Sensationell aber – und bisher einmalig für die deutsche Nordseeküste – war das Erscheinen einer *Klappmütze,* deren Heimat ebenfalls das Eismeer ist. Es handelte sich um ein Jungtier, das am 18. August auf einer Salzwiese nahe dem Seehospiz I herumrobbte und offenbar versuchte, quer durch die Dünen den Kniepsand und die Nordseeseite zu erreichen. Das zunächst sehr muntere und angriffslustige Tier geriet jedoch in den Dünen plötzlich in Atemnot und war binnen einer halben Stunde tot. Die Klappmütze wurde ebenfalls nach Kiel zur Untersuchung gesandt.

Wildkaninchen und Myxomatose

Immer wenn Frühjahr und Frühsommer trocken sind, verzeichnen Wildkaninchen eine hohe Vermehrungsrate. So auch 1993. Ein Zentrum des Wildkaninchenbestandes ist die Feldmark nordwestlich von Nebel bis nach Westerheide, wobei die von Nebel nach Norddorf verlaufende Autostraße zwei in sich weitgehend abgeschlossene Wildkaninchenreviere teilt. Beide Reviere sind jeweils etwa 5 ha groß. Das eine Revier dient als Pferdeweide des Reiterhofes Boy Jensen, das andere Revier besteht zur Hälfte aus Brachland mit Heide und Pferdeweide. Obwohl beide Reviere keine Hügel aufweisen, wie sie

von Wildkaninchen zur Anlage von Bauen beliebt sind, konzentrieren sich hier Kaninchen wie in kaum einer anderen Insellandschaft. In beiden Revieren wurden Mitte August je knapp hundert Tiere gezählt, so daß der Bestand mit den noch tagsüber im Bau steckenden Kaninchen auf dem Höhepunkt etwa je 120 Tiere betragen haben dürfte. Warum diese in unmittelbare Dorfnähe gelegene Landschaft derartig dicht von Kaninchen besiedelt ist, dafür konnte keine Erklärung gefunden werden. Besteht doch fast die halbe Insel aus gleichartigen Landschaften, die aber immer nur lokal, so am Südrand von Norddorf und auf der Geesthöhe »Stasum«, ähnliche Bestandsdichten aufweisen. Offenbar lieben Wildkaninchen solche kolonieartigen Konzentrationen, obwohl die Äsungsreviere und die Baue gegeneinander abgegrenzt werden. Kaninchen, die sich auf fremdes Territorium verirrt haben, werden umgehend von den Revierherren, den Böcken, verjagt. Eine Besonderheit Amrumer Wildkaninchenbaue ist die Tatsache, daß sie nur wenige sogenannte »Fluchtröhren«, Löcher ohne äußerlichen Sandauswurf mit senkrechter Verbindung zum unterirdischen Röhrensystem, aufweisen. Offenbar haben die Wildkaninchen in Jahrhunderten gelernt, daß es auf Amrum kein Raubwild gibt. Auf dem Festland sind Fluchtröhren die Regel.

Zwei Bausysteme wurden besonders intensiv beobachtet. In einem Bau mit zwei Haupteingängen und zwei Flucht- bzw. Fallröhren lebten drei Wildkaninchen. Im zweiten System mit 5 Eingängen, aber keinen Fallröhren, lebten 7 Kaninchen. Mitte August brach in diesem Revier die Myxomatose aus, zuerst bemerkbar daran, daß die Kaninchenköpfe von kleinen schwarzen Fliegen umschwärmt wurden und sie ständig mit den Ohren (Löffeln) schlugen, um die Insekten abzuwehren. Wenige Tage später zeigten sich Schwellungen an Ohren und Augen und nach einer reichlichen Woche das Vollbild der Myxomatose. Im erstgenannten Bausystem erkrankten alle

Wildkaninchen – das eine gesund, das andere gezeichnet von der Myxomatose

drei Kaninchen, jedoch in abgemilderter Form, so daß die Augen soweit offen blieben, daß die Tiere Nahrung finden konnten und nicht verhungern mußten.

Im zweiten Bausystem blieben ein Bock und ein Jungkaninchen von der Myxomatose ganz verschont, die fünf anderen wurden aber stark betroffen. Eines dieser Kaninchen war bald gestorben, während die vier anderen monatelang von der Krankheit gezeichnet herumhoppelten, aber nicht starben! Auch bei diesen Tieren blieb bei jeweils einem ganz zugeschwollenen Auge das andere Auge mit einem winzigen Spalt offen, so daß die Nahrungsaufnahme und die Flucht in den Bau gewährleistet blieben. Kennzeichnend für den Krankheitsverlauf war neben dem geschwollenen Kopf der Haarausfall rund um die Au-

gen. Nach etwa vier Wochen bildete sich das Krankheitsbild jedoch wieder zurück. Die Augen begannen sich zu öffnen und auf den kahlen Stellen stellte sich neuer Fellwuchs ein. Im Laufe des Oktobers und Novembers waren die Augen aller vier Kaninchen wieder klar und nur die etwas dickeren Köpfe sowie das unregelmäßige Kopffell zeigten die nun überstandene Myxomatose an. Überall im Beobachtungsrevier hatte die Myxomatose grassiert, und rund 80 % der Kaninchen wurden befallen. Aber Mitte Oktober, nach dem Ende der Seuche, lebten noch rund 60 % der Tiere. Es gab jedoch in keinem der zahlreichen Baue Nachwuchs mehr, während andernorts auf Amrum sich im September noch die Jungen des letzten, spätsommerlichen Wurfes tummelten.

Die Myxomatose, 1963 erstmalig auf Amrum registriert, hatte also eine Todesrate von knapp 20 % der befallenen Tiere, während reichlich 20 % der Kaninchen im Beobachtungsrevier überhaupt nicht befallen wurden.

Schlechtes Brutjahr

1993 war für fast alle Arten ein schlechtes Brutjahr. Es fehlten den Greifvögeln die Mäuse. Deshalb gab es nur eine Rohrweihenbrut im »Guskölk« bei Süddorf, während sich das Weihenpaar in der Norddorfer Marsch frühzeitig trennte und auf eine Brut verzichtete. Bald war das Männchen verschwunden und den Sommer hindurch nur das Weibchen zu sehen, das trotz mauserbedingter Flugbehinderung »über die Runden« kam. Einmal schlug es ein kleines Wildkaninchen. Auch das einzige, erst seit 1990 auf Amrum brütende Mäusebussardpaar, machte keinen Brutversuch. Und die Turmfalken besetzten nur ein Revier, aber offenbar auch ohne Bruterfolg. Doch war die Sumpfohreule mit einem Paar in den Dünen hinter dem Quermarkenfeuer vertreten.

Geradezu katastrophal war die Nachwuchsrate erneut bei Kiebitz und Rotschenkel, nämlich praktisch null. Das mag zum Teil wetterbedingt sein, aber auch die Trockenlegung der Norddorfer Marsch spielt eine Rolle. Schon im Mai sind Gräben und Kuhlen, die vorrangigen Nahrungs- und Deckungsgebiete der jungen Kiebitze und Rotschenkel, ohne Wasser. Und das dürfte nicht nur an der Entwässerung liegen, die ja auch früher gang und gäbe war. Ursache könnte vielmehr der Umstand sein, daß aus den Dünen kaum noch Druckwasser in die Marsch einströmt. Schon im März beginnt die Saison, und das Wasser wird im Schwimmbad, im Kurmittelhaus, in den Wikinghäusern und im Dorfe weggeduscht und weggebadet, noch ehe es, aus den Dünen sickernd, die Marsch erreicht. Unverändert spielen auch die wachsenden Scharen der Möwen und Krähen eine unheilvolle Rolle. Sie fangen alles, was sich an

Jungvögel, die in offener Landschaft als Nestflüchter unterwegs sind – wie hier ein Rotschenkel – haben wegen Möwen und Krähen fast keine Überlebenschance mehr

Jungvögeln bewegt. Wenn Kiebitze, Rotschenkel und andere Limikolen auch relativ alt werden, so macht sich das Ausbleiben des Nachwuchses früher oder später durch den Zusammenbruch der Population bemerkbar. Beim Rotschenkel war dies schon im Brutjahr 1993 der Fall. Von den früher durchschnittlich 40–60 Brutpaaren auf Amrum waren kaum noch zehn Paare vorhanden. Auch die Austernfischer hatten kaum Nachwuchs, obwohl die Anzahl der Brutpaare 1993 noch häufiger war als früher – begünstigt durch die übermäßige Beweidung der Feldmark durch Vieh und Pferde. Austernfischer lieben nämlich steppenähnliches Gelände mit kurzer Vegetation. Ob der nahezu totale Verlust des Nachwuchses wetterbedingt oder durch Krähen und Möwen verursacht wurde, ließ sich nicht ermitteln. Normalerweise läßt sich ein

Austernfischerpaar so leicht keine Jungen rauben. Wenn Möwen und Krähen aber in zunehmenden Massen auftreten, können auch Austernfischer ihre Brut nicht mehr verteidigen. Insbesondere bilden sich unter den Erstgenannten auch »Spezialisten« heraus. Beispielsweise wurde bei Süddorf ein brütender Austernfischer beobachtet, um den immer wieder eine Krähe mit enger werdenden Kreisen herumspazierte und den Brutvogel zusehends nervöser machte, bis er schließlich das Gelege verließ, um die Krähe zu vertreiben. In diesem Falle war die Krähe alleine. Aber sie dürfte bald mit ihrem Partner zurückgekehrt sein. Und während dann die eine Krähe den Austernfischer zum Verlassen des Geleges verleitet, raubt die andere Krähe das Gelege. Ist ein solches Manöver einmal gelungen, holt sich das »spezialisierte« Krähenpaar auf diese Weise jeden Tag ein Gelege (bzw. Jungvögel), und ganz schnell ist das Revier leer.

28 Säbelschnäblerpaare brüteten 1993, davon 19 auf dem Vorlande am Teerdeich Norddorf und eine kleine Kolonie mit 9 Paaren im »Anlun«. Aber auch hier war die Nachwuchsrate mäßig. Auch der Große Brachvogel war mit einem Paar, vermutlich demselben wie in den vorherigen Jahren, vertreten, diesmal in der Dünenheide am »Siatler«. Erstaunlich, daß in dieser trockenen Landschaft erfolgreich Jungvögel großgezogen werden können. Noch im Juli führte das Paar seine Jungen westlich der Vogelkoje in einer Heringsmöwenkolonie herum. Aber Heringsmöwen sind harmlos, weil auf Fische spezialisiert.

Erschreckend gering waren auch die Nachwuchszahlen bei Brandgänsen und Eiderenten. Nur zwei, drei Brandganspaare führten Junge im Watt, zuletzt blieb nur ein Paar mit zehn überlebenden Jungvögeln. Wie schon in früheren Berichten erwähnt, kommen die Paare durch die Mengen der Möwen und

Tausende junger Eiderenten werden alljährlich von den Müttern zum Watt gebracht, doch nur wenige werden flügge

Krähen mit ihrem Nachwuchs kaum noch bis zum Watt. Und hier scheinen sich zunehmend Silbermöwen, vielleicht auch die häufiger gewordenen übersommernden Mantelmöwen, auf die Erbeutung der Jungen spezialisiert zu haben. Jedenfalls dauert es nur wenige Tage, bis Brandganspaare alle Jungen verloren haben. Auch das in den letzten Jahren erfolgreiche Paar am Steenodder Badestrand hatte diesmal keinen Nachwuchs.

Rätselhaft ist seit Jahren auch die Entwicklung bei den Eiderenten. Unverändert waren auch 1993 alle Brutreviere gut besetzt, und die Eiderentenmütter brachten Tausende von Jungen zum Watt. Hier aber halbierten sich die Mengen der Jungen von Tag zu Tag, und insgesamt wurden nur knapp 20 Jungvögel gesichtet, die flügge wurden. Wo sind die anderen geblieben? Sind sie alle von Möwen weggefangen worden? Möglicherweise in Fischreusen umgekommen? An Nahrungsmangel zugrunde gegangen? Hier wird einmal intensiv beobachtet werden müssen, weshalb die Amrumer Eiderenten seit Jahren keinen bzw. kaum noch Nachwuchs haben. Sollte ein Zusammenhang mit der Muschelfischerei bestehen?

Zu den auffälligsten Erscheinungen in der Inselornis gehört jedoch der Rückgang der Feldlerche. Es gab Zeiten, da wurden an die 800 Brutpaare auf der Insel geschätzt. Heute sind es keine hundert mehr. Auch hier sind die Ursachen verschiedener Natur: viele Zugvögel kehren nicht mehr aus dem Winterquartier zurück, wo sie entweder gefangen wurden oder durch Agrargifte und Landschaftszerstörungen umgekommen sind. Auf Amrum spielt aber auch die »Verwüstung« durch Überweidung (Vieh, Pferde) mit der Zerstörung der Brutplätze und Vernichtung

Die Feldlerche, einst Charaktervogel der Feldmark und Graudünen, droht selten zu werden

der natürlichen Vegetation und ihrer Insektenfauna eine Rolle. Den Rest besorgen Krähen und Elstern – insbesondere erstere, die über die Brutpaare hinaus mit Scharen von bis zu 150 Vögeln die Landschaft unter Kontrolle halten und alles vertilgen.

Zu den Lichtblicken gehört, daß es 1993 wieder drei Rufplätze des Kuckucks gab. Am 19. August wurde ein Jungkuckuck auf der Wiese an der Bushaltestelle in Norddorf von einem Bachstelzenpaar gefüttert. Ansonsten ist fast ausschließlich der Wiesenpieper Wirtsvogel des Kuckucks auf Amrum. Unverändert brütet auch der Gartenrotschwanz mit einigen Paaren auf der Insel, so seit einigen Jahren bei Helmut Scheer (Süddorf). Gesangplätze gab es im Kurpark Wittdün und am Leuchtturm. Ebenso wurde erneut ein Hausrotschwanz beim Füttern von Jungen auf der Südspitze Wittdün notiert. In Norddorf brüteten erfolgreich zwei Grauschnäpper-Paare – um die seltenen Arten der Inselornis zu nennen. Auch die Dorngrasmücke sang nach jahrelanger Pause wieder auf Amrum. Bruten wurden jedoch nicht ermittelt.

Bemerkenswert ist aber im Auf und Ab der Vogelwelt, daß Arten, die ohnehin nicht gefährdet sind, unabhängig von Wetter und sonstigen Einflüsse über Bruterfolg nicht zu klagen haben. Die Amrumer Grauganspaare zogen rund 130 Junge groß, verteilt auf reichlich 30 Brutpaare. Und der Zuwachs wäre noch größer gewesen, wenn nicht von Landwirten Gelege zerstört und von Geflügelzüchtern Jungvögel eingefangen worden wären, eine illegale Handlung, an der angeblich auch Jäger beteiligt gewesen sein sollen.

Keinen Kummer mit der Vermehrung hat auch die Lachmöwe. Die Kolonie auf dem Vorlande bei Norddorf hat sich 1993 nahezu verfünffacht (von reichlich einhundert Brutpaaren auf runde 500!). Und dank des anhaltenden Ostwindes gab es keine Überflutung und keine Verluste. Eigenartigerweise gab es auch eine Lachmöwenkolonie mit einem Dutzend Brutpaaren auf einer kleinen Düne

Auf hoher Warte balzen zwei Kuckuck-Männchen

inmitten von Sturm-, Silber- und Heringsmöwen nördlich des Leuchtturmes – charakteristisch in Anlehnung an eine Fluß-Küstenseeschwalbenkolonie mit insgesamt 25–30 Paaren.

Das eindrucksvollste Ereignis des Amrumer Vogellebens war jedoch die abermalige Zunahme der Heringsmöwe. Auf der Odde wurde rund 450 Paare geschätzt, im Naturschutzgebiet Amrum-Dünen aber mögen es an die 3000 Paare gewesen sein! Alle Täler zwischen Norddorf bis nahe Wittdün wurden von der Heringsmöwe beherrscht, die den bislang häufigsten Brutvogel der Insel, die Silbermöwe, jetzt buchstäblich überflügelt hat. Unverändert bleibt die Frage, wo kriegen die Heringsmöwen die tägliche Nahrungsmenge an Fischen her? (Bei einem Nahrungsbedarf von mindestens 300 Gramm insgesamt etwa 36 Zentner, und wenn die rund fünf- bis sechstausend Jungen heranwachsen, zusätzlich weitere 30–35 Zentner = täglich rund 70 Zentner Fisch!) Erstaunlicherweise sieht man, auf einem Schiff im Seebereich von Amrum unterwegs, nur ganz selten herumstreichende Heringsmöwen. Vermutlich holen sie sich ihre Nahrung weitgehend vom Beifang der Krabbenkutter und der Fischkutter draußen bei Amrum-Bank. Ende des Sommers bevölkerten Riesenscharen flügge gewordener Heringsmöwen die Dünen und den Kniepsand, ehe sie – als Zugvögel – südwärts entschwanden.

Erfreulich an dieser Entwicklung ist die Tatsache, daß die Anzahl der Silbermöwen deutlich weniger geworden ist, sowohl auf der Odde (knapp 900 BP) als auch im NSG Amrumer Dünen.

Hingegen hatten die Rabenkrähen – wie schon in den Vorjahren – nicht über mangelnden Bruterfolg zu klagen. Über die traditionellen Brutplätze (Kleingehölze, Einzelbäume in den Dünen) hinaus sind nun fast alle größeren Gärten in allen Inselorten besiedelt. Aber es wurden, wie schon 1992, auch wieder Bodennester in den Dünen bzw. in der Dünenheide gefunden. Ganz neu aber ist die Menge der nichtbrütenden Krähen. Nachdem schon in den Vorjahren erste Scharen den ganzen Sommer hindurch die Insel »verunsicherten«, wurden in diesem Jahre Scharen von 150, in Einzelfällen bis zu 200 Krähen gezählt. Sie richteten – neben ihrem sonstigen Wirken – auch beträchtliche Schäden in den Getreidefeldern an.

Seltenheiten

Zu den seltenen Brutvögeln auf Amrum gehört der Mittelsäger, eine Art, die mit den Enten verwandt ist, jedoch keinen Entenschnabel, sondern einen solchen dünnen mit kleinen Sägezähnen hat. Bislang waren Bruten nur von der Amrumer Odde bekannt. Und unverändert wandern die dort brütenden Säger mit ihren Jungen gleich hinüber

Weil es auf Amrum kein Raubwild gibt, brüteten Krähen auf der früher baumlosen Insel am Boden in der Heide und sind dort neuerdings wieder vereinzelt mit Bodenbruten zu finden

nach Föhr, offenbar um ihre Jungen vor den Möwen zu retten.

Ein Zufall machte nun deutlich, daß Mittelsäger auch im NSG Amrumer Dünen brüten. Am 4. Juli kam ein Weibchen mit einer Jungenschar beim Norddorfer Parkplatz aus dem Gelände, blieb aber in einem Garten stecken und verlor einen Teil ihrer Jungen durch Silbermöwen, die sofort zur Stelle waren. Drei Junge aber konnten eingesammelt und zu Carsten Schult gebracht werden, der zwei davon mit Kleinfischen aus dem Beifang von Krabbenkuttern großzog.

Harry Savinski entdeckte in einem Heidestrauch in den Dünen ein Hänflingnest. Es gibt also immer noch Bodenstrauchbrüter, so wie in der Zeit, als Amrum noch unbewaldet war. Der Hänfling gehört zu den wenigen Singvögeln, die schon immer auf der Insel beheimatet waren, gesehen schon Anno 1819 vom Altmeister der Vogelkunde, Johann Friedrich Naumann. Trotzdem hat er nie einen friesischen Namen erhalten.

Eine besondere Beobachtung machte Carsten Schult Mitte Juli im Zentrum von Norddorf. Der hier seit Jahren »ansässige« Hohltauber war mit einer Türkentaube »verheiratet«. Es konnte aber nicht beobachtet werden, ob dieser »Mischehe« Bruterfolg beschieden war. In der Natur kommt es gelegentlich vor, daß sich Vögel nahe verwandter Arten verpaaren, insbesondere bei Gänsen. Sie brüten auch erfolgreich Junge aus, doch diese können sich nicht vermehren. So hat die Natur – sicherlich aus wohlfundierten Gründen – eine biologische Schranke gegen ein »Mischmasch« zahlreicher, sich neu bildender Arten gesetzt. Normal sind dagegen die auf Amrum regelmäßig zu beobachtenden »Mischlinge« zwischen Raben- und Nebelkrähen mit entsprechendem Gefieder. Raben- und Nebelkrähen sind nämlich Vögel *einer* Art, doch mit geografisch getrennten Rassen. Und die Grenze dieser Art liegt im Bereich des deutsch-dänischen Grenzlandes. Südlich und westlich kommt die Rabenkrähe, nördlich und östlich die Nebelkrähe vor.

Als weitere bemerkenswerte Beobachtung aus der Amrumer Vogelwelt sei ein Silbermöwenpaar genannt, das noch Ende Juli/Anfang August auf den »faulen« Eiern saß, mithin rund zweieinhalb Monate gebrütet hat.

Aus dem Jahre 1992 ist noch die Brut eines Steinwälzers im Geröll am Kliff zwischen Nebel und Steenodde nachzutragen. Nach Erstbeobachtungen Mitte Mai wurde in der nachfolgenden Woche ein Vogel auf dem Nest und am 21. Juni das Paar mit einem Jungvogel notiert (Gaus, Schutzstation Wat-

Junger Mittelsäger

47

Hänflinge brüten seit »Urzeiten« auf Amrum, haben aber keinen friesischen Namen

tenmeer). Der Steinwälzer, ansonsten ein nicht seltener Zugvogel und auch Wintergast an Amrumer Küsten, brütet nur mit wenigen Paaren (1992: 4 BP) in Schleswig-Holstein, wo er seine südlichste Verbreitungsgrenze erreicht. Seinen Namen verdankt dieser, im Brutkleid recht bunt gefiederte Vogel, der Art seiner Nahrungssuche. Er hebt und dreht Steine am Strande, um die darunter lebenden Flohkrebse u. a. zu erbeuten.

Gast- und Zugvögel

Aufmerksamen Insulanern und Kurgästen ist – neben eigenen Beobachtungen – wieder die Meldung seltener Gastvögel zu danken. Mitte April hielt sich ein junger Seeadler am Wasenplatz und auf der Odde auf, ebenso ein Exemplar – dasselbe? – am 22. Oktober.

Und öfter als sonst wurden auf der Insel Kampfläufer notiert, so am 10. Mai ein Trupp auf der Feldmark bei Steenodde, Männchen noch mit der Prachtkrause Anfang Juli in der Norddorfer Marsch und ein kleiner, eifrig nach Insekten pickender Trupp auf der Feldmark beim Anlun.

Die Anwesenheit des seltenen Wanderfalken verrieten Beuterupfungen von Kiebitz, Regenbrachvogel, Krickente und Eiderente Ende März/Anfang April auf den Wiesen von »Eer« und am Strande. (N. Meyer-Först) Besonders zahlreich waren verschiedene Wildgansarten, so am 19. Februar in der Wittdüner Marsch unter den Graugänsen 5 Kurzschnabel- und 7 Bleßgänse, während sich gleichzeitig in der Norddorfer Marsch 18 Nonnengänse (bzw. Weißwangengänse) auf-

Kormoran auf einer Bake

Der Neuntöter

hielten. Und Anfang Juni hielt sich eine Nilgans im Watt bei Norddorf auf. Sie hatte eine große Fluchtdistanz, dürfte aber dennoch wohl eher aus einem Gehege entflohen als von Nordafrika gekommen sein.

Bemerkenswert war ein Schar von etwa hundert Ringelgänsen, die sich wochenlang in der Hafenbucht von Wittdün – Steenodde aufhielten und Grünalgen fraßen, aber nicht binnendeichs auf den Marschenwiesen zu sehen waren. Ob sich hier erneut ein Nahrungswechsel andeutet oder ob es sich um eine spezialisierte Gänseschar gehandelt hat, muß die Zukunft erweisen. Ursprünglich lebten die Ringelgänse von Seegras, als dieses verschwand, vom Gras der Salzwiesen. Und dann traten sie zunehmend auch auf Süßwassergras und Getreidefeldern auf und brachten die Landwirte in Rage.

Noch häufiger als in den Vorjahren war der Kormoran, sowohl am Strande als auch auf Buhnen und Pricken, zu sehen, um das Gefieder zu trocknen. Denn dieser fischfangende Vogel hat kein wasserdichtes Federkleid und muß dieses nach einiger Zeit des Tauchens und Schwimmens an der Luft trocknen, wobei die Flügel ausgepreizt werden.

Unter den Singvögeln fielen besonders die unzähligen Scharen der Wacholderdrosseln auf, die bei mildem Wetter am 24. Februar nordwärts zogen, infolge eines kurzzeitigen Wintereinbruches aber Ende Februar wieder nach Südwesten flohen und dann erst Mitte April wieder auf dem Zuge nach Norden die Insel bevölkerten. Mit etwa 20–25 Exemplaren trat um den 20. April auch die Ringdrossel auf.

Ein seltener Anblick war auch im Dünenheidetal »Siatler« am 15. August ein Neuntöter-Männchen. Früher, d. h. bis in die ersten Jahrzehnte unseres Jahrhunderts, soll diese Art noch auf Amrum gebrütet haben.   G. Q.

Naturparadies am Wittdüner Strand

Amrum hat etliche Naturattraktionen – eine davon ist der Stranddünensee Wriakhörn bei Wittdün, entstanden durch das Wirken der Natur und des Menschen. Die Natur, vertreten durch Kniepsand und Wind, bildete vor der ehemaligen Amrumer Südküste, ausgehend von Wriakhörn, einen Dünenwall, der breiter und höher werdend die Strandzone umschloß und sich rasch in Richtung Wittdün verlängerte. Bald bildeten sich ein von Wriakhörn kommender kleiner Wasserlauf sowie Grundwassertümpel, und es stellte sich zunehmend eine dichter werdende Vegetation von Moor- und Wasserpflanzen ein wie Sonnentau, Enzian, Wollgras, Blutauge, Moosbeere, Rauschbeere, Kriechweide, Binsen, Schilf und andere. Jahrweise ist auch das Strandtausendgüldenkraut hier zu finden – das derzeit einzige Vorkommen dieser Art auf Amrum.

Der eigentliche See bildete sich aber erst, als im Jahre 1977 das Amt für Land- und Wasserwirtschaft (ALW) die letzte Öffnung des Nehrungswalles schloß und sich bald ein See aufstaute, der in seiner Mitte immerhin eine Wassertiefe von bis zu 1,30 m aufweist und auch in trockenen Sommern nicht austrocknet, wie es bei allen sonstigen Dünentümpeln der Fall ist. Je nach Höhe des Wasserstandes, der durch ein Überlaufrohr zum Kniepsande reguliert wird, hat der See eine Fläche von etwa 12 bis 15 ha. Der so entstandene Stranddünensee ist fast einmalig auf einer Nordseeinsel. Es gibt nämlich nur noch einen zweiten natürlichen Süßwassersee ähnlicher Art – den Hammersee auf der ostfriesischen Insel Juist. Dieser entstand allerdings nicht durch die Einschließung einer Strandzone durch einen Dünenwall, sondern infolge eines Sturmfluteinbruches in die Insel, die dabei fast auseinandergetrennt worden wäre, ehe es gelang, mit Sandfängern den Einbruch an der Seeseite wieder abzuriegeln.

Mit der Bildung des Stranddünensees bei Wriakhörn veränderte sich auch die Vegetation. Schilfinseln und dichte Schilfwälder mit eingestreuten Weidenbüschen entstanden im und um den See.

Besonders eindrucksvoll und charakteristisch gestaltete sich dann die Entwicklung der Vogelwelt. Schon in der Anfangszeit, als nur Tümpel vorhanden waren, wurde die Sumpflandschaft von Stockenten besiedelt, die hier im dichten Binsen- und Simsenbewuchs ihre Jungen aufzogen. Auch die Teichralle stellte sich bald als Brutvogel ein, ebenso 1975 die Bläßralle, obwohl sie eigentlich größere und tiefere Wasserflächen benötigt, wie sie dann 1977 durch den Seeaufstau entstanden.

Seitdem brüten hier alljährlich zwei bis vier Bläßrallenpaare auf ihren hochaufgeschichteten »Nestburgen« und führen ihre Jungen am Ufer, wobei sie gegenüber den Besuchern auf Bohlenweg und Aussichtsplattform sehr zutraulich werden und auch Futter holen.

Ein besonderes Kleinod ist der Dünensee aber, weil hier seit 1978 der Zwergtaucher brütet. Unüberhörbar sind im Frühjahr die lauten Balztriller der ein bis zwei Männchen. Auf der offenen Wasserfläche sind diese Vögel aber nur gelegentlich zu sehen. Meist tauchen sie kopfsprungartig unter Wasser und kommen in der Deckung des Schilfwaldes erst wieder zutage. Das Nest, ein Bündel nasser, schwimmender Halme, enthält sechs bis sieben zunächst weiße Eier, die aber schnell eine moorbraune Färbung annehmen. Wie die Jungen der Rallen sind auch die kleinen Zwergtaucher Nestflüchter, halten sich jedoch immer im Wasser auf und ruhen gelegentlich im Rückengefieder der Eltern. Zwergtaucher, Bläßralle und Teichralle machen zwei Bruten im Sommerhalbjahr, so daß man sie noch im Spätsommer mit Nachwuchs beobachten kann. 1983 konnte erstmalig für Amrum auch die Brut einer Wasserral-

Am Bohlenweg des Stranddünensees »Wriakhörn« werden die sonst wildlebenden Vögel sehr zutraulich und warten auf Futter

le nachgewiesen werden, und Beobachtungen aus späteren Jahren lassen vermuten, daß dieser heimliche Vogel, der sich fast nur in der Nacht durch ein schweineartiges Quieken verrät, im Dünensee öfter gebrütet hat.

1984 kam es zur Ansiedlung von Graugänsen, die zunächst an den Heidetümpeln in den Wittdüner Dünen gebrütet hatten, von dort aber mit ihren Jungen in Richtung Guskölk wanderten. Seitdem ist die Graugans mit bis zu fünf Paaren (1993) ständiger Brutvogel am Stranddünensee Wriakhörn, und weitere Scharen nichtbrütender Graugänse bevölkern von Februar bis August den See. Die aus dem Winterquartier zurückgekehrten und zunächst noch scheuen Vögel werden bald zutraulich, und die Grauganspaare kommen mit ihren Jungen bis heran an den Bohlenweg und

an die Aussichtsplattform, um sich bzw. ihre Jungen mit Brot füttern zu lassen. Gewisse Naturschützer sehen diese Fütterung nicht gern, weil durch den Kot der See eutrophiert, also überdüngt werden könnte. Aber einmal nicht bio-ideologisch, sondern nur logisch gedacht: würden die Graugänse kein Brot fressen, würden sie Gräser und Schilf äsen, die Kotmenge bliebe die gleiche. Außerdem ist der See dermaßen von Vögeln, insbesondere von badenden Möwen und Eiderenten bevölkert, daß die aus der Fütterung entstehende Kotmenge nun wirklich nicht ins Gewicht fällt. Sehr wichtig ist, daß Inselgäste hier die unmittelbare Berührung mit ansonsten scheuen Tieren erleben. So gesehen ist der Stranddünensee für Wittdün und darüber hinaus eine einmalige Attraktion! Den Graugänsen ist übrigens zu verdanken, daß der See nicht längst zugewachsen ist. Es war nämlich nur noch ein kleiner Rest an freier Wasserfläche vorhanden, ehe sich die Graugänse ansiedelten. Dann aber wurden Schilf und sonstige Wasserpflanzen schnell auf ein erträgliches Maß heruntergefressen, und der See war gerettet. Im übrigen dürfte die Gefahr der Eutrophierung auch deshalb nicht sehr hoch sein, weil der See ständig Zufluß aus dem sogenannten Druckwasser der Dünen erhält und – wie erwähnt – über ein Rohr zum Kniepsande hin einen Abfluß hat, also nicht ganz abgeschlossen ist.

Natürlich ist der Stranddünensee mit seinen Schilfwäldern und der Binsenkrautzone auch Lebensraum von Wildenten. Die allgegenwärtige Stockente wurde schon genannt. Aber auch die Reiherente hat sich hier seit 1983 mit einigen Brutpaaren angesiedelt, wenig später auch die Löffelente, die z. B. 1991 mit vier Bruten vertreten war. Ebenso werden auch immer wieder Knäckenten – bisher aber noch ohne Brutnachweis – gesichtet. Und auch die kleinste unserer Entenarten, die Krickente, ist ständiger Brutvogel am Dünensee. Ende Mai 1993 kam eine Ente mit einer durcheinanderpurzelnden Schar von etwa acht bis zehn Jungen aus den Dünen und verschwand im Schilf-Binsen-Dickicht des Sees.

Auf dem Stranddünenwall, der den See zum Kniepsand begrenzt, ist der Austernfischer ein häufiger Brutvogel. Aber auch Rotschenkel sind hier vertreten, in manchen Jahren sogar Bekassinen. Natürlich fehlt es auch nicht an Kleinvögeln. Rohrammer und Teichrohrsänger singen und rufen Jahr um Jahr aus dem Schilf und dürften hier mit ein bis zwei Brutpaaren vertreten sein.

Besonders eindrucksvoll ist die Naturstimmung am Stranddünensee in den Wochen von Ende Mai bis Mitte Juni. Dann schwimmen alle paar Stunden »Geleitzüge« von etlichen Eiderentenmüttern mit ihren Jungen über den See. Sie sind auf dem Wege von ihren Brutplätzen in den Wittdüner Dünen zum Wattenmeer bzw. zur Kniepsandbucht, wo die Jungen aufgezogen werden.

Wo Wasser ist, ist immer auch ein reiches Insektenleben. Mehl- und Rauchschwalben und immer wieder auch Mauersegler jagen über See und Schilf nach Beute. Und unbeschreiblich ist das Bild, wenn im Sommer, nach der eigentlichen Brutzeit, um die Zeit des Sonnenunterganges aus allen Richtungen Tausende von Staren in regelrechten »Vogelwolken« heranfliegen, mit großem Geschwatze im Schilfwald einfallen und sich hier an den Halmen über dem Wasser zur Nachtruhe begeben.

Wie schon erwähnt, ist der Stranddünensee aber auch die »Badewanne« von täglich Hunderten von Seevögeln. Während der Brutzeit bevölkern Eiderenten, teilweise noch heftig balzend, das Gewässer, und auch die farbenprächtigen Brandgänse sind eine ständige Erscheinung. Besonderer Beliebtheit erfreut sich der See bei den Möwen, vor allem bei den Heringsmöwen, die von ihren Brutplätzen in den Amrumer Dünen täglich in Scharen zum Baden und Trinken kommen. Da auch der Teich der Vogelkoje Meerum während der Brutzeit ständig von Heringsmöwen aufgesucht wird, liegt die Vermutung nahe, daß Heringsmöwen für ihr Wohlbefinden auf Süßwasser angewiesen sind. Aber auch Sturm- und Silbermöwen sind ständige »Badegäste« am Stranddünensee. Letztere liegen und fliegen aber auch ständig auf der Lauer, um sich von Besuchern füttern zu lassen. Sturmmöwen brüten gleich nebenan in den Dünentälern.

Zur Vogelwelt des Stranddünensees gehört seit etlichen Jahren auch ein Fasanenhahn mit seinem Harem von Hennen. Wie die anderen genannten Vögel ist auch er ein Beweis dafür, wie zutraulich, ja handzahm ein ansonsten wildlebendes Tier werden kann, wenn es vom »Urfeind« Mensch gefüttert wird. Erstaunlich aber auch, daß dieser Hahn noch jede Jagdzeit überlebte.

Der Stranddünensee – »Badewanne« der Möwen

Am und im See leben aber nicht nur Vögel. Kleine Haufen zernagter Schilfhalme und grüner Kot verraten die Anwesenheit der Ostschermaus, auf Amrum fälschlich »Wasserratte« genannt. Und im Frühsommer, wenn das Wasser über 18 Grad warm geworden ist, staunen die Wanderer auf dem Bohlenweg über das Planschen der großen Karpfen, die in der Flachzone laichen und deren hohe Rücken über dem Wasserspiegel sichtbar sind. Den Fischbestand hat Max Ganzel unter Kontrolle. Neben den Zuchtkarpfen, den »Spiegelkarpfen«, von denen ein gefangenes Exemplar nicht weniger als 38 Pfund auf die Waage brachte, leben auch Wildkarpfen im Gewässer. Die Spiegelkarpfen wurden 1984 von Max Ganzel eingesetzt, nachdem eine Sturmflut mit Salzwassereinbruch den bisherigen Bestand vernichtete.

Die Wildkarpfen sind vermutlich von Vögeln, durch Laich in deren Gefieder, eingeschleppt worden. Das gleiche gilt für Schleie. Natürlich fehlt es auch nicht an Aalen. Max hat öfter Glasaale, also kleine Aale, die draußen in Wattenprielen in Tangbüscheln zu finden sind, in den Stranddünensee eingesetzt. Aber Aale kommen auch über Land, über den feuchten Kniepsand, in das Gewässer, vor allem im Herbst, wenn Aale Ruheplätze für den Winterschlaf suchen. Ebenso gelangen sie offenbar auch über das erwähnte Überlaufrohr in den See, wenn höhere Fluten den Rohrausgang auf dem Kniepsand unter Wasser setzen.

So ist der Stranddünensee rundum ein Naturparadies, direkt vor Türen und Fenstern des Seebades Wittdün.

G. Q.

Schatzinsel Amrum – Pilze

Das Jahr der Pilze

Dieses Jahr hob sich hinsichtlich der Fruchtkörperfülle und der Artenvielfalt von vergangenen Jahren ab. Diese Eindrücke hatte der Verfasser schon vom Festland mitgebracht; sie fanden ihre Bestätigung auf Amrum.

So zeigte sich auf Amrum der Olivbraune Milchling (Lactarius turpis), dessen Vorkommen im Inselwald schon von Buschmann und Fuchs als nicht selten bezeichnet worden ist, in ungewöhnlicher Fruchtkörperzahl und -größe, vor allem am Meeramwai in Norddorf unter Birken und an den Waldwegen nördlich des Strunwai zur Strandhalle Nebel. Besonders auffällig waren die rd. 20 cm großen Hüte der alten Fruchtkörper in ihrer fast schwarzen Färbung.

Den Kuhröhrling (Suillus bovinus), den Buschmann und Fuchs als im Inselwald bei Nadelbäumen und Heide als nicht häufig vorkommend bezeichneten, fand der Verfasser in massenhafter Fruchtkörperbildung im Schwarzkiefernwald unweit der Vogelkoje »Meeram«. Diese Möglichkeit des massenhaften Auftretens wird auch durch die Literatur bestätigt. Im vergangenen Jahr mußte man suchen, um nur wenige Fruchtkörper dieses Pilzes zu finden.

Das Herausragen dieses Jahres wird auch bei den Neuentdeckungen deutlich.

Neuentdeckungen

Es begann schon hinter der Ferienwohnung im Blinjwai in Norddorf. Das Grundstück wird nach Süden von einem Erdwall abgegrenzt, auf dem Heckenrosen wachsen. An einem kleinen, am Boden liegenden modernden Zweigstück eines der Sträucher wuchsen zwei kleine, rd. 7 bis 10 mm große glasigweiße Keulchen, die jeweils aus Sklerotien »entsprangen«: Typhula spec.

Glocken-Düngerling

Auf dem Pfad, der über die Rasenfläche vor dem Hotel Hüttmann führt, fielen kleine, zitronengelbe Pilze auf. Der Hutdurchmesser war zwischen 1–2 cm, der Rand durchscheinend gerieft, das Aussehen etwa wie Nabelinge (Omphalina): Zitronengelber Saftling (Hygrocybe citrina).

Auf dem Weg zur Odde, nach Verlassen des Teerdeichs, standen zwei Fruchtkörper eines Düngerlings, auch auf Kuhmist, mit dunklerem Hut, dessen Rand mit Resten des Velums (Hülle bzw. Teilhülle, die die Lamellen nach unten abschließt und bei Hutstreckung zerrissen wird) behangen war. Der Beschreibung bei Moser folgend, mußte es sich um Panaeolus sphinctrinus (Fr.) (Glocken-Düngerling) handeln.

Die Gattung Panaeolus (Düngerlinge) gehört neben den Gattungen Psilocybe (Kahlköpfe), Conocybe (Sammethäubchen) – Buschmann und Fuchs haben Rostbraunes Sammethäubchen (Conocybe tenera) in ihre Liste auf-

Hasenstäubling mit noch geschlossener Hülle . . .

. . . und geöffnet, um die staubartigen Sporen freizugeben

genommen – und Stropharia (Träuschlinge) – Buschmann und Fuchs haben für Amrum Stropharia semiglobata (Halbkugeliger Träuschling) registriert – zu den Pilzen, die nach Genuß »psychisch aktiv« werden (Halluzinationen, Rauschzustände u. a.). Bekannt waren sie schon im Aztekenreich, wo sie als »Teonanácatl« (»Fleisch der Götter«) bezeichnet wurden und bei Festen und religiösen Zeremonien gegessen wurden. Auch noch in diesem Jahrhundert werden in bestimmten Gegenden Mexikos Pilze für magische Zwecke von der eingeborenen Bevölkerung gegessen. Gift-Hauptsubstanz ist Psilocybin. Die Symptome sind ähnlich denen nach der Einnahme von LSD. Die Wirkungen des Psilocybins halten einige Stunden an, bleiben dann aber ohne Nachwirkung.

Untersuchungen, die T. Stijve, Vevey (Schweiz), mit chromatographischen Methoden u. a. an verschiedenen Panaeolus-Arten vornahm, konnten bei den beiden auf Am-

rum bisher gefundenen Arten kein Psilocybin nachweisen. Allein beim Dunkelrandigen Düngerling (Panaeolus subalteatus), der über Deutschland gleichmäßig verbreitet ist, aber auf Amrum bisher noch nicht gefunden wurde, ergaben die Untersuchungen einen Nachweis von Psilocybin.

Beim Durchstreifen des in Norddorf von Sjüürenwai und Lunstruat eingegrenzten Waldstückes fiel der Violette Lacktrichterling (Laccaria amethystea) allein durch seine Farbe auf.

Im Meeramwai wurden rechts des Weges unter einem Reisighaufen große gelblich-braune Hüte des Samtfußkremplings (Paxillus atrotomentosus) sichtbar.

Ein Birkenaststück, das unweit vom Wege lag, zeigte auf der Rinde schwarze, walzenförmige Gebilde. Jedes einzelne dieser Gebilde ist ein Sammelfruchtkörper (Stroma), ein dichtes, unfruchtbares Gewebe aus Pilzge-

55

flecht, in dem kleine Fruchtkörper dicht an dicht eingebettet sind: vielgestaltige Kohlenbeere (Hypoxylon multiforme). Die anfänglich rostbraune Farbe der Stromata hatte sich im Laufe der Zeit schon hin zu schwarz verändert. An einer Wegbiegung fand der Verfasser dann einen Mäuseschwanz. Es war nicht der abgetrennte Schwanz eines dieser Nagetiere, sondern ein Pilz, der diesen skurrilen Namen trägt. Vier Fruchtkörper wurzelten tief in einem zur Hälfte im Boden vergrabenen Kiefernzapfen: Baeospora myosura (Mäuseschwanz), in Deutschland allgemein verbreitet. Bei Bäärendääl, zwischen Makanhuch und Kaanshuch, leuchteten ihm zwei weiße rundliche Kugeln, die etwas breiter als hoch waren, aus dem Weidegras entgegen: Bovista nigrescens (Schwärzender Bovist oder Eier-Bovist).

Nicht weit von da, auch auf Weideland, am Rande des Rad- und Fußweges, der in Verlängerung des Waasterstigh von Nebel Richtung Norddorf führt, fand der Verfasser einen Pilz, der vor allem durch seine glasigen Flecken auf dem Hut auffiel, als ob kleine elliptische Glasstücke in die Hutoberfläche eingelassen wären. Die in der Literatur gewählten Beschreibungen: wasser-fleckig, getupft bzw. dunkelbraune, tropfenartige Flecken geben diesen Eindruck nur schwach wieder. Es waren robuste und kompakte Fruchtkörper des Horngrauen Rötelritterlings (Lepista panaeola, Synonym: L. luscina). Für die Nordfriesischen Inseln ist dies der erste Fund. Der Fund des Klebrigen Hörnlings (Calocera viscosa), in Deutschland fast überall anzutreffen, war lange überfällig. Am Dünenrandweg, der von der Strandhalle Nebel durch Heide zum Waldrand führt, zeigte sich ein einziger Fruchtkörper auf einem Nadelholzstubben.

Das Gesagte trifft auch auf den Rosablättrigen Helmling (Mycena galericulata) zu. Er ist eine der Helmlingsarten, die auf Holz wächst – in der Vogelkoje »Meeram« an einem Laubholzstumpf.

Die für den Verfasser wohl aufregendsten Funde waren die beiden letzten Neuentdekkungen:

Für Amrum ist der erste Fund aus der Gattung Cortinarius (Haarschleierlinge), Untergattung Telamonia zu vermelden. Unter Birken standen im Wald bei Nebel kleine junge Fruchtkörper mit halbkugeligen bis spitzkegeligen Hüten, die sehr dicht mit feinen weißen Schuppen besetzt waren. Die Stiele waren auch ganz weißflockig überzogen und ließen einen schwach lila Ton durchscheinen. Die älteren Fruchtkörper zeigten, fast verkahlt (nur noch wenige Schuppen am Hutrand), die braune Grundfarbe der Hüte, die deutlich sichtbar im Zentrum einen kleinen spitzen Buckel zeigten. Letzte Zweifel räumte ein Blick auf die Lamellen der jungen Fruchtkörper aus, die jeder für sich noch durch eine spinnwebartige Teilhülle (Cortina) verdeckt waren: Weißflockiger Gürtelfuß (Cortinarius, Untergattung Telamonia hemitrichus).

Am Rande des Weges, der parallel zum Strunwai Richtung Strandhalle Nebel verläuft, fand der Verfasser dunkelbraune Fruchtkörper, zum großen Teil büschelig wachsend, unter den dortigen Laubbäumen, zwischen die sich auch eine Lärche gemischt hatte. Es waren Fruchtkörper der Gattung Otidea (Öhrlinge).

Schleimpilze (Myxomyceten)

Sicherlich gehören sie zu den faszinierendsten Naturerscheinungen, weil sie u. a. während ihrer Entwicklung Phasen durchlaufen, die einmal dem Tier- und dann dem Pflanzenbereich zuzuordnen sind. Das Chronikjahr war für den Verfasser das Entscheidende in seiner Beschäftigung mit diesen Pilzen. Viele neue Arten hat er in diesem Jahr an vielen Fundorten auf dem Festland gesammelt.

Die erste größere Pilzexkursion am 27. September auf Amrum brachte auch den Fund eines Schleimpilzes, der für Amrum bisher noch nicht registriert war. Nach dem Fund

Gelbflockiger Hartbovist

Mucilago crustaces an Grashalmen

des Kegeligen Saftlings und des Schwärzenden Bovists zeigten sich am südlichsten Seitenweg, der parallel zur Nordgrenze der großen Heidefläche bei Westerheide verläuft, lachsrote, in dichten Gruppen wachsende Plasmodien auf der Schnittfläche von kurzen Fichtenholzstammstücken und auf den unmittelbar davor auf einem Kiefernstumpf liegenden Nadeln und anderen Pflanzenteilen: Arcyria ferruginea Sauter (deutsche Bezeichnung nach Kofler/Nowotny: Rostroter Kelchstäubling). Peter Schirmer, dem der Verfasser für diese Bestimmung dankt, ver-

merkt, daß die Sporocarpien sehr variierend in der Farbe – von beige, olivlich über orangebraun bis rötlich – sind. Die am 1. Oktober gesammelten Belege waren terrakottafarben. Ein neuer Schleimpilz »besuchte« den Verfasser fast vor der Haustür im Blinjwai. Auf der Grasfläche hing ein weißes, schaumiges Gebilde in den Grashalmen. Eigene mikroskopische Untersuchungen sind noch nicht vorgenommen, aber Mucilago crustacea Wiggers (deutsche Bezeichnung nach Kofler/Nowotny: Schaumpilz) ist wahrscheinlich.

Manfred Fries

»Großeinsätze« in der Inselnatur

Heidepflege

Maschinen summten und brummten im Frühjahr wochenlang in der Inselnatur, am auffälligsten in der Heide zwischen Nebel und Norddorf. Die vielfach geäußerte Befürchtung, daß hier nun doch ein Golfplatz oder gar ein Flugplatz entsteht, konnte jedoch zerstreut werden. Es ging, obwohl der Augenschein anderes vermittelte, um die Bewahrung einer ehemals charakteristischen und ausgedehnten Insellandschaft – der Heide. Für diese Heidepflege hatten die Kirchengemeinde und Privatleute rund 12 ha zur Verfügung gestellt. Und die Landschaftspflegebehörde setzte reichlich 70 000 DM für diese Maßnahme ein. Die ausführende Firma Meyer aus Winsen an der Luhe ist auf Heidepflege spezialisiert, hat dafür entsprechende Geräte konstruiert und erfolgreich in der Lüneburger Heide und auf Sylt gearbeitet, wo ähnliche Probleme bestehen. Bei den Spezialgeräten handelt es sich um eine sog. Schoppermaschine, die Heide mäht und die Humusschicht vom Boden aufnimmt, sowie um eine Plackmaschine, mit deren Hilfe die obere Humus-Sodenschicht abgehoben wird. Obwohl die so bearbeiteten Flächen zunächst völlig kahl liegen und sich zunächst mit anspruchslosen Gräsern begrünen, rechnen die Fachleute der Landschaftspflege mit einem baldigen Heidebewuchs, weil es im Boden von Heidesaat wimmelt. Der Samen der Besenheide (Caluna vulgaris) kann angeblich bis zu 100 Jahre im Boden überdauern, ohne seine Keimfähigkeit zu verlieren.

Wer die Entwicklung der Insellandschaft über längere Zeiträume verfolgt oder noch vor Augen hat, weiß, daß auf dem bearbeiteten Feld noch vor wenigen Jahren im August das flächige, eindrucksvolle Bild blühender Heide zu sehen war. Dann drängten zunächst die Krähenbeere (Empetrum nigrum) und schließlich die hohen gelben Halme der Drahtschmiele (Deschampsia flexuosa) die Besenheide zurück. Besenheide ist ein Kulturfolgestrauch auf mageren, ausgelaugten Sandböden, insbesondere nach der Beweidung. Eine ständige Verjüngung und damit Bestandsbewahrung wird aber nur durch Mahd und Placken, so wie es früher zwecks Gewinnung von Brennmaterial, Stallstreu oder Dünger auf Amrum der Fall war, gewährleistet. Andernfalls stirbt die Heide an Überalterung.

In jüngerer Zeit wird die Heide aber noch mehr gefährdet durch den hohen Stickstoffeintrag aus der Luft, dessen permanente Düngung die Drahtschmiele begünstigt, die die Heide überwuchert und verdrängt. Aus diesem Grunde war es nötig, die Humusschicht durch Placken bzw. Schoppern zu entfernen, um auf dem mageren Sandboden der Drahtschmiele die Daseinsmöglichkeit zu nehmen, aber die Heide zu fördern, die solchen Boden liebt.

Verständlich, daß sich durch den maschinellen Großeinsatz zunächst kein schönes Landschaftsbild bot und etliche Insulaner zu Anfragen und Protesten veranlaßte. Die Haufen der Humusschichten wurden schließlich kompostiert, während die Menge des abgemähten Heidekrautes per Schiff von Steenodde zum Holmer Siel und von dort mittels Lastwagen in die Schweiz befördert wurde. Dort wird Heidekraut für die Herstellung von Biofiltern verarbeitet. Einige Jahre wird es nun aber dauern, ehe auf den abrasierten Flächen neue Heide keimt und wächst.

Vogelkoje Wittdün

Nach jahrelangem Hin und Her wurde im März auch das Projekt »Wittdüner Vogelkoje« in Angriff genommen. Hier ging es um eine Gesamtmaßnahme in Höhe von

Großeinsatz auf der Amrumer Heide. Mit speziell dazu entwickelten Geräten wurde die Heide gemäht und die Kraut- und Humusschicht »aufgeschoppert«

240 000 DM, wozu das Umweltministerium 200 000 DM und die beiden Gemeinden Wittdün und Nebel je 20 000 DM beitragen. Die Maßnahme umfaßt die forstliche Renovierung der Vogelkoje, Ausbau des Wanderweges nordwestlich der Wittdüner Marsch über Guskölk bis zur Straße Süddorf–Steenodde und drittens den Wasseraufstau in der Niederung Guskölk, um der Verlandung der Schilffläche dortselbst entgegenzuwirken.

Während die letztgenannten Maßnahmen im Frühjahr 1994 erfolgen sollen, wurde die forstliche Renovierung der Vogelkoje im März d. J. durchgeführt. Dabei ging es vor allem darum, die von Sturm und Käferbefall betroffenen Fichtenbestände abzuholzen und durch Laubbäume zu ersetzen. Für diese Einzelmaßnahme standen 105 000 DM zur Verfügung. Nach der Ausschreibung erhielt als billigster Anbieter die Fa. Blohm aus Mildstedt den Zuschlag. Nach schonender Rodung der abgestorbenen bzw. überalterten Fichtenbestände erfolgte die Neuaufforstung mit Birken, Erlen, Eichen und anderen Laubhölzern. Leider hatte die genannte Firma, die auf dem Festlande auch Dränagearbeiten durchführt, den unglücklichen Einfall, die jungen Laubbäume nicht mit den üblichen grünen Manschetten gegen Wildkaninchenverbiß zu schützen, sondern mit zerschnittenen knallgelben Plastikrohrstücken ihres Dränagemateriales. Problematisch war auch die Beseitigung des umfangreichen Reisigmateriales, das zu Wällen gestapelt wurde, weil eine andere Verwendung und Beseitigung ohne große Kosten und Eingriffe in die Landschaft mit Schwergeräten nicht möglich war. So bot und bietet die Vogelkoje zunächst noch ein vielkritisiertes Bild, das sich erst mit den Jahren renaturiert.

Der Flak-Unterbau in der Heide an der Vogelkoje Meeram hat nie eine Flak getragen, blieb aber bis zum Abbruch als Weltkriegsdenkmal in der Landschaft liegen

Trotz erheblichen Widerstandes wurde mit Spezialgerät dem Weltkriegsbunker am Seehospiz I der Garaus gemacht

Weltkriegsbeton

Amrum ist in den beiden Weltkriegen dieses Jahrhunderts von militärischen Eingriffen weitgehend verschont geblieben. Nur ein – allerdings massiver – Eisenbetonbunker Marke deutsche Wertarbeit aus dem ersten Weltkrieg und zwei Flak-Fundamente in der Heide und im Wald an der Vogelkoje Meerum erinnerten an Kriegszeiten. Ein weiteres Bauwerk am Hörn nahe dem Quermarkenfeuer, für kurze Zeit einem Horchgerät und Scheinwerfer für die Flugzeugabwehr dienend, ist völlig durch Dünensand und Krähenbeere zugewachsen.

Nachdem schon im Rahmen des Allgemeinen Kriegsfolgegesetzes auf Kosten des Bundes die großen Bunker auf Sylt beseitigt wurden, stand auf Anregung des Naturschutzbeauftragten und der Gemeinde auch auf Amrum die Beseitigung der oben genannten Bauwerke an. Engagiert wurde dafür die auf solche Arbeiten spezialisierte Fa. Feldhaus aus Schmallenberg im Sauerland. In ganz kurzer Zeit waren sowohl der massive Betonbunker als auch die Flak-Fundamente mit einem Kranbohrer zerlegt und wurden an Ort und Stelle als einfachste und billigste Lösung »beerdigt«. Trotzdem kostete diese Maßnahme rund 50 000 DM.

Die Schulkinder von »Ban Horn«, dem Seehospiz I und dem »Warmbad« werden das Verschwinden des Bunkers als Spielplatz beklagen. Aber durch Unterhöhlung war der Bunker schon abgesackt und hätte im Fundamentbereich buddelnden Kindern gefährlich werden können, so daß auch aus diesem Grunde die Beseitigung des »Denkmales« unvermeidlich war.

Und obwohl Augen und Gedanken sich längst an diese Kriegswerke gewöhnt und kaum noch wahrgenommen hatten – für das Landschaftsbild der Insel ist das Verschwinden dieser Betonklötze ein Gewinn.

G. Q.

Jagd und Jagdverpachtung auf Amrum

Alle neun Jahre werden Niederwildjagden verpachtet. Die Jagden auf Amrum sind solche des Niederwildes, weil »Hochwild«, wozu u. a. Rot- und Damwild und Wildschweine gehören, auf der Insel fehlt. Aber schon Rehe zählen nicht mehr zum Hochwild, so daß auch die Jagden auf der Nachbarinsel Föhr Niederwildjagden sind.

Die Jagdverpachtung in der Gemeinde Nebel im März d. J. stand unter einem besonderen Stern. Die bisherigen Jagdpächter hatten sich derart zerstritten, daß sich für die Neuverpachtung zwei Parteien bildeten, jede bemüht, durch Einholung von »Vollmachten« bei den Jagdgenossen wenigstens die Stimmenmehrheit zu gewinnen, wobei leider eine sehr feindselige Stimmung unter den Beteiligten entstand. Die eine Gruppe mit Hans Petersen (der sich aber vor der Pachtversammlung zurückzog), Uwe Dethlefsen, Kai Dethlefsen und Jens Lucke argumentierte mit der Bewahrung eines reichen Wildbestandes und der sommerlichen Jagdruhe, um auch den Kurgästen die Fülle der Natur zu vermitteln, während die zweite Gruppe mit Martin Gerrets, Günter Winkler und Helmut Scheer dafür stand, die oft überhöhten Bestände der Kaninchen, Fasane und Ringeltauben kurzzuhalten und damit Wildschäden zu vermeiden. Verständlich, daß sie damit auf die Zustimmung der Landwirte stießen.

Ausschlaggebend aber war der Beschluß der Gemeindevertretung als größter Jagdgenosse infolge der Dominanz der gemeindeeigenen

Ländereien. Und die Vertretung entschied sich für die zweite Jägergruppe, so daß diese in einer gutbesuchten Versammlung am 29. März d. J. den Zuschlag erhielt. Der jährliche Pachtpreis für die rund 1100 ha große Jagd der Gemeinde Nebel wurde auf 1500 DM festgesetzt, die bemerkenswert niedrige Pachtsumme aber dadurch kompensiert, daß die Jagdpächter Wildschaden in unbegrenzter Höhe zu leisten haben. Der Wildschaden, verursacht durch Wildkaninchen und Fasane, liegt wechselweise jährlich bei 2000–4000 DM. Für die oft bedeutenden Schäden der Wildgänse und Ringeltauben muß aber laut Gesetz von den Jagdpächtern kein Wildschadenersatz bezahlt werden, ebensowenig für die Schäden, die von den wachsenden Scharen der Rabenkrähen angerichtet werden.

Jagdverpachtungen sind ansonsten keine weltbewegenden Ereignisse und regen – außer den Beteiligten – kaum jemanden auf. Selbst die meisten »Jagdgenossen«, die Eigentümer der bejagbaren Landflächen, kümmern sich selten um ihre Belange. Kein Wunder, halten doch viele die Versammlung der Jagdgenossenschaft für eine solche der Jäger. So sind Versammlungen im ersten Anlauf mangels anwesender Mitglieder in der Regel nicht beschlußfähig, erst nach einer zweiten Eröffnung »ohne Rücksicht auf die Anzahl der Anwesenden«. Diese satzungsrechtliche Brücke wurde vor etlichen Jahren von den Behörden gebaut, um die Beschlußfähigkeit von Zweckverbänden zu ermöglichen.

Daß sich Jagdgenossen auf Amrum selten für ihre Belange interessieren, hat aber noch einen anderen Grund: es kommt für fast alle nichts dabei heraus. Die Landflächen der meisten Jagdgenossen sind so klein, daß sich bei Umlegung der jährlichen Jagdpacht nur einige Groschen, allenfalls einige Mark ergeben würden. Lediglich für die politische Gemeinde und für die Kirchengemeinde als größte Landbesitzer könnten die Pachtzahlungen von Interesse sein. Beide Institutionen haben aber bislang nie Ansprüche gestellt, wohl auch aus Unkenntnis über die faktischen Gegebenheiten. So nahmen bisher im Bereich der Gemeinde Nebel die wenigen Landwirte die Pachteinnahmen alleine für sich in Anspruch, »leider für den Ankauf von Giftspritzen«, wie ein Jagdgenosse schon etliche Male verbittert monierte. Hingegen sind die angesammelten Pachteinnahmen in Norddorf vorwiegend für den Aushub von Gemeindegräben verwendet und somit – wie eigentlich vorgesehen – dem größten Jagdgenossen zugute gekommen. Es wurden aber auch einige Male Nistkästen für Waldvögel angeschafft und ein Zuschuß für das Naturzentrum im Schwimmbad gewährt.

Jagdverpachtungen auf Amrum zeichnen sich noch durch andere Besonderheiten aus. Wie schon erwähnt, sind in allen drei Inselgemeinden von Amrum die Gemeinden die größten, ja dominierenden Jagdgenossen. Das liegt daran, daß die Dünen und Teile des Heidelandes bei Aufhebung der Feldgemeinschaft anno 1799/1800 nicht privatisiert wurden, sondern im Besitz der Gemeinde blieben. Dies ist ein Sonderfall, der nur noch für Gemeinden auch auf Sylt zutreffend sein dürfte, während sonst fast überall private Landbesitzer – in der Regel Großbauern – die Jagdgenossenschaft bilden. Weil das Gesetz aber zugleich bei Beschlüssen die Mehrheit der Mitglieder und der Landfläche verlangt, müssen alle Beschlüsse von den Amrumer Gemeindevertetungen abgesegnet werden. Interessant ist aber auch der große Flächenanteil der Kirchengemeinde mit rund 70 ha. Dieses Faktum begründet sich darauf, daß in ferner katholischer Zeit der damalige Landesherr, der König von Dänemark, den Inselbewohnern ohne weiteres dieses Land wegnahm und dem Klerus zuwies. Die Inselfriesen verweigerten nämlich nach der Christianisierung um 1100–1200 dem neuen Glauben den »Zölibat« (weil die »unverheirateten Priester sonst den Töchtern und Ehefrauen des Landes nachstellen«) und die Zahlung des »Kirchenzehnten«.

So erhielt die Kirche einen entsprechenden Teil der nutzbaren Landfläche (Kirchen- und Pastoratsland), damit sich der Klerus durch Landverpachtung und eigene Landwirtschaft selbst tragen konnte. Zwar mußte die Kirche anläßlich der Reformation im Jahre 1525 einen Teil dieses Landes wiederhergeben, es wurde »säkularisiert«. Aber Luther höchstselbst warnte den dänischen König, der Kirche soviel Land zu belassen, wie zu deren Erhalt nötig ist, was auch geschah. Die Kirchengemeinde behielt diese Landfläche aber auch, als nach dem Staatswechsel von Dänemark zu Deutschland der Pastor ein staatliches Gehalt bekam und die Kirche über Steuern finanziert wurde. Letzter »Agrarpastor« auf Amrum war Lorenz Friedrich Mechlenburg. Er amtierte noch nach alter Art, bis er 1875 starb.

Amrum den Amrumern!

Jagd und Jagdverpachtung auf Amrum stehen aber auch unter einem besonderen Tabu. Obwohl sich für eine so wildreiche Jagd wie auf Amrum gegenwärtig unvorstellbare Summen an Jagdpacht erzielen ließen, galt und gilt doch die Regel, daß die Jagd in Händen der Amrumer bleiben soll – bemerkenswerterweise auch vorgetragen von Leuten, die sich ansonsten nicht scheuen, Inselland als Spekulationsobjekt an auswärtige Interessenten zu verkaufen. Um auswärtige Jagdinteressenten abzuwehren, hat die Jagdgenossenschaft Nebel in ihrer Satzung den Passus, daß nur Jagdgenossen, also Landbesitzer auf Amrum, die Jagd pachten dürfen. Ein freilich nutzloser Paragraph, wenn man bedenkt, daß durch den Verkauf von Inselland an Auswärtige eben dieselben Jagdgenossen auf Amrum geworden sind.

Jagd und Jagdverpachtung haben auf Amrum eine lange Tradition. Ja, die »geschriebene Geschichte« der Insel beginnt mit einer Mitteilung über die Jagd. Im »Erdbuch« des dänischen Königs Waldemar II., angelegt um Anno 1231, wird erstmalig der Name Amrum erwähnt, verbunden mit dem Hinweis, daß es hier Hasen und Wildkaninchen gibt, ebenso ein Jagdhaus für den König. Es ist aber nicht belegt, ob König Waldemar auf der Insel zur Jagd gewesen ist. Vermutlich hat er die Kaninchen hier selbst eingebürgert, um Jagdfreuden nachzugehen. Und er wählte für die Ansiedlung der vermehrungsfreudigen Kaninchen, die bekanntlich in Land- und Forstwirtschaft unvorstellbare Schäden anrichten können, eine Insel, deren Meeresufer die weitere Ausbreitung der Kaninchen in naturgezogenen Grenzen hielt. Seinerzeit gab es Wildkaninchen nur auf der Iberischen Halbinsel und in Nordafrika. Ob König Waldemar auf Amrum zur Jagd gewesen ist, steht nirgends geschrieben. Er mußte ja ein Riesenreich durch Kriege und gegen Konkurrenten um Thron und Reich zusammenhalten. Aber als der dänische König Christian VIII. in der Zeit von 1842–1847 im Spätsommer in Wyk alljährlich seine Sommerresidenz hielt, fuhr er auch mit seinem Dampfboot regelmäßig nach Amrum, um in den Dünen Kaninchen zu jagen, einmal in Begleitung des bekannten Märchendichters Hans Christian Andersen.

Ein Föhrer als Pachtinteressent

Die Jagd war in älterer Zeit – sofern in Anspruch genommen – grundsätzlich landesherrschaftliches Regal. Dies wird aber auf Amrum kaum der Fall gewesen sein und ist auch nirgends belegt. Mit Rücksicht auf die insulare Landwirtschaft mußten die Kaninchen dauernd bejagt werden, und dies ist den Insulanern sicherlich gestattet worden, ohne daß sie dafür Abgabe zu zahlen hatten.

Das änderte sich jedoch Anno 1797. Im Frühjahr des genannten Jahres richtete ein Einwohner aus Alkersum namens Hans Carstens einen Antrag an die königliche Regierung und bat um die alleinige Konzession für den Fang von Wildkaninchen auf Amrum. Die Repräsentanten der Insel konnten die Erteilung dieser »Konzession« zwar verhindern, mußten nun aber für den Kaninchenfang der Einwohner jährlich eine Abgabe von zehn Reichstalern zahlen. So hatte der Antrag des Osterlandföhrers Hans Carstens, auf Amrum die Jagd zu »pachten«, nur bewirkt, daß die Amrumer fortan eine hohe jährliche Abgabe dafür zu leisten hatten, auf ihrem eigenen Lande Kaninchen jagen zu dürfen.

Im November 1835 richteten die Amrumer Landesrepräsentanten über die Birkvogtei eine Supplication an die königliche Regierung, von der jährlichen »Kaninchenpacht« wieder befreit zu werden. Und der Birkvogt Nielsen unterstützte mit einem »pflichtgemäßen Bericht und Bedenken« diesen Antrag. Dabei ging es um die Frage, ob die Kaninchen als »kleines Regal« oder als Landplage zu betrachten und somit zu »vertilgen« sind. Der Birkvogt plädierte für letzteres, insbesondere auch mit »Rücksicht auf die Sanddünen« und deren Festlegung zum Schutze des Landes. Umsonst. Die Regierung war nicht bereit, diese Abgabe zu erlassen. Erst im Jahre 1857 wurde die Zahlung, zuletzt zwölf Reichstaler Preuß., eingestellt. Bis dahin mußte sie alljährlich bei der Oktober-Contribution von den Amrumer Repräsentanten auf die Hebungsstube der Birk Westerlandföhr-Amrum abgeliefert werden. Es ließ sich nicht ermitteln, ob die Abgabe erlassen, »vergessen« oder einfach nicht mehr bezahlt wurde.

Staatswechsel und neue Gesetze

Politische Ereignisse in Europa, ausgehend von der Französischen Revolution 1789, führten dazu, das seit dem 16. Jahrhundert von der Landesherrschaft und dem Adel beanspruchte alleinige Jagdrecht, ausgeübt ohne Rücksicht auf Landeigentum und Wildschaden, aufzuheben. Ein letztes bewirkte die Revolution in den deutschen Ländern im Jahre 1848. Von nun an durfte jeder Landeigentümer auf eigenem Grund und Boden jagen. Damit war das Wild aber praktisch vogelfrei

geworden, und bald drohte die Ausrottung durch ungezügelte Bejagung. Deshalb erfolgte 1851 die Einteilung von Jagdrevieren mit einer Mindestgröße von 75 ha, so daß die Jagd jetzt nur noch als Eigenjagden auf einem entsprechend großen, zusammenhängenden Grundbesitz oder durch Verpachtung eines entsprechend großen Revieres erfolgen konnte. Dieses sog. »Reviersystem« blieb, begleitet von entsprechenden Verordnungen über Wildhege, Abschußplanung und Wildschadensregelungen, bis heute in Kraft und wurde als Vorbild von anderen europäischen Ländern übernommen.

Nach dem Staatswechsel von Dänemark zu Preußen bzw. zum Deutschen Reich stellte sich auch auf Amrum die Frage nach dem Status der Jagd und der Jagdberechtigung. Am 13. November 1871 richtete die königliche Regierung zu Schleswig bezugnehmend auf eine Order der Oberförsterei Apenrade eine Anfrage an das Landratsamt in Tondern bzw. an die königliche Landvogtei in Wyk betreffs Jagdnutzung und Grundeigentum. Der derzeitige Amrumer Bauernvogt Peter Knud Wögens antwortete, »daß die Dünen von Amrum nicht fiskalisches, sondern Amrumer Eigentum sind« und »daß der Ertrag der Kaninchenjagd, wenn man die dazu verwendete Zeit, Auslagen an Schlingen, Schrot und Pulver abgerechnet, unbedeutend ist«.

Eine neue Jagdverordnung vom 1. März des Jahres 1873 veranlaßte die zuständige Behörde jedoch zur Verfügung, »daß die bisher unentgeltliche Nutzung der Kaninchenjagd auf der Insel von der Regierung nicht länger bewilligt werden kann« und verlangte eine Verpachtung der Jagd an eine der Landfläche entsprechenden Anzahl von Jagdpächtern.

Nun machten aber die Amrumer Bauernvögte mobil und wiesen, unterstützt in einer ausführlichen Stellungnahme des Landvogtes in Wyk, darauf hin, daß bei Einführung einer Schonzeit – wie im Gesetz verordnet – sowie einer Beschränkung der Jagdberechtigung auf einige wenige, nämlich die Pächter, die Kaninchen sich derart vermehren würden, daß die Schäden in der Landwirtschaft und an den Dünenpflanzungen nicht mehr tragbar sind. Der Landvogt stellte dann auch die entscheidende Frage, ob die Wildkaninchen überhaupt zu den jagdbaren Tieren gehören. Die für die Amrumer erlösende Antwort kam am 6. August 1873, nämlich: »daß wilde Kaninchen nicht zu den jagdbaren Tieren zu rechnen sind, sondern Gegenstand des freien Tierfanges bleiben, so daß hiernach für das Einfangen auf der Insel Amrum das Gesetz vom 1. März d. J. resp. das Jagdpolizeigesetz vom 7. März 1850 keine Anwendung findet . . .«

Damit war der freie Kaninchenfang für die Inselbewohner zunächst gerettet. Aber im Zusammenhang mit der geplanten Anlage eines Seebades auf Amrum kam es dann später doch zur Verpachtung der Jagd. Den Antrag dazu stellte der Kapitän und Strandvogt Volker Martin Quedens im November 1888. Aber die Gemeindevertretung Amrum lehnte diesen Antrag »vorläufig« ab. Ebenso scheiterte im April 1889 ein Antrag eines Herrn Scharfenberg, der auf Wittdün Bauland gekauft hatte. Mehr Erfolg hatte hingegen der Architekt Ludolf Schulze, der Initiator des Seebades auf Amrum. Sein Antrag wurde zunächst zu den genannten Bedingungen (Zahlung der Jagdpacht, Abstand zur Vogelkoje von 300 m, Einhaltung der Jagdgesetze) genehmigt, aber am 14. Juni 1889 widerrufen, weil nach den gesetzlichen Bestimmungen die Jagd nicht auf nur ein Jahr verpachtet werden durfte.

Am 28. November 1889 faßte die Gemeindevertretung jedoch den Grundsatzbeschluß, »die Jagd im Norden und Süden von Amrum außerhalb einer Meile (ca. 1,6 km) Entfernung von der Vogelkoje in Meerham vom 1. Januar bis 15. August auf drei Jahre . . . zu verpachten. Die gesamte Vertretung wünscht aber den freien Kaninchenfang in Schlingen, indem wir diese Tiere bezüglich der Kornfel-

Die Nutzung der Natur durch Jagd spielte auf Amrum immer eine große Rolle

65

der und Baumpflanzungen für schädlich halten«.

Ergänzt wird dieser Beschluß am 29. Mai 1891 durch die Forderung, daß ein »Hiesiger für die Ausübung der Kaninchenjagd zwei Mark und ein Fremder sechs Mark pro Jahr und Person« zu bezahlen hat, sofern die Aufsichtsbehörde dies genehmigt. Und am 23. Januar 1893 erfolgte die Übertragung der bereits vorher an Volkert Martin Quedens verpachteten Jagd auf die Aktiengesellschaft Nordseebad Wittdün, vertreten durch die Herren Fast und Andresen.

Nun also hatten die Amrumer fortan bei der Jagdausübung mit Jagdpächtern zu tun. Aber es blieb noch lange bei dem urtümlichen Zustand, daß die Inselbewohner unabhängig davon gegen eine geringe Gebühr die freie Kaninchenjagd, vorwiegend mit »Stricken«, mit Schlingen, betreiben durften. Diese Regelung, die den Insulanern faktisch dieselben Rechte einräumte, als wenn auch sie Jagdpächter wären, war unvermeidlich, weil sonst der Wildkaninchenmenge nicht beizukommen wäre und die »offiziellen« Pächter sich an Wildschaden bankrott gezahlt hätten. Wildkaninchen waren seinerzeit das einzige Jagdwild auf Amrum. Hasen werden zwar auch im Erdbuch von Waldemar um Anno 1231 genannt, aber sie scheinen in den folgenden Jahrhunderten auf Amrum nicht vorge-

kommen zu sein, dank bzw. undank der insularen Unsitte, Hunde lose herumstreunen zu lassen. Erst im Laufe des 20. Jahrhunderts wurden sie wieder eingebürgert, ebenso Fasane und Rebhühner.

Jagdpächter kamen und gingen. Nahezu legendär war Martin Breckwoldt (»Tin Hanje«), der runde 65 Jahre Jagdpächter in Wittdün war, zuerst zusammen mit Kurdirektor Weber, dann mit dem Bauunternehmer Heinrich Behrens und zuletzt mit Alfred von der Weppen.

Jagdpächter in Norddorf war viele Jahre lang Friedrich Wilhelm Peters (»Fietje Wimme«). Und zu den noch bekannten Namen der Gemeindejagd Nebel gehören Hermann Busch, Zimmermeister in Steenodde, sowie der Gastwirt Alwin Ricklefs dortselbst, gefolgt vom Polizeiwachtmeister Hermann Jessen und dem Wyker Schornsteinfegermeister Richard Kopf. Um letzteren auszuschalten und bei der Neuverpachtung der Jagd dieselbe in die alleinige Regie der Amrumer zu bringen, wurde der Jagdgenossenschafts-Satzung in Nebel der Passus hinzugefügt, daß nur Jagdgenossen, also Landbesitzer auf Amrum, die Jagd pachten dürfen. Neue Jagdpächter wurde 1965 das Trio Martin Gerrets, Hans Petersen und Uwe Dethlefsen, später kam noch als vierter Karl Claußen dazu.   G. Q.

Der alte und die neuen Besitzer der »Wiking«-Mutter-und-Kind-Kurheime: Siegfried Dath (Mitte), Dr. Dieter Quast (links) und Hans-Hermann Leimbach (rechts)

Wiking-Komplex wechselte den Besitzer

Seit dem 1. Juni ist es offiziell und mit allen notwendigen Stempeln besiegelt: die Norddorfer Firmen Wiking Hotels und Kurmittelhaus sowie Wiking Kurhaus für Mutter und Kind, die den gesamten Komplex des ehemaligen christlichen Seehospizes umfassen, haben neue Eigentümer. Erworben wurden die Unternehmen mit einer Gesamtinvestitionssumme von rund 25 Millionen Mark – worin die eigentliche Kaufsumme, die Kosten der Investitionen in der Vergangenheit sowie drei Millionen Mark für zukünftige Investitionen enthalten sind – von dem Immobilienmakler Dr. Dieter Quast, dem Steuerberater und Wirtschaftsprüfer Dipl.-Kaufmann Herbert Zimmer, dem von Amrum stammenden Steuerprüfer Carl Lorenzen – alle aus Köln –

sowie von Hans-Hermann Leimbach, Geschäftsführer einer Gruppe von 14 Reha-Einrichtungen und Kliniken im Mutter-Kind-Bereich aus Bad Berleburg.

Siegfried Dath, gemeinsam mit seinen Söhnen bisher Besitzer der Unternehmensgruppe, erwarb das Seehospiz, zu dem unter anderem auch das Norddorfer Kurmittelhaus gehört, im Oktober 1990 für zwölf Millionen Mark von der westfälischen Diakonissenanstalt »Sarepta«, die es 100 Jahre lang betrieben hatte. Offiziell übernommen hatte der in Schweden lebende Dath das Hospiz im April 1991, das er nach ersten Umwandlungsversuchen in eine Kurklinik seit Herbst vergangenen Jahres als Kureinrichtung für Mütter und Kinder betrieb.

Die Mutter-und-Kind-Kuren gaben letztlich auch den Ausschlag, daß es zum Verkauf kam. Der erste Kontakt entstand nämlich, wie Dath schilderte, über eine Anzeige der Wiking-Unternehmen, die dringend Wohnraum für Mitarbeiter suchten – übrigens ein Problem, das auch die Nachfolger stark beschäftigt. Carl Lorenzen, dessen Eltern auf Amrum leben, bot Wohnungen an und äußerte beiläufig Interesse an Mutter-Kind-Einrichtungen im norddeutschen Raum, die das Angebot der vier Geschäftspartner abrunden sollten.

Da der inzwischen 76 Jahre alte Dath nach eigener Aussage gesundheitlich stark angeschlagen ist und auch seine Söhne nicht bereit waren, das Unternehmen weiterzuführen, wurde man sich relativ rasch handelseinig. Wie Dr. Quast und Hans-Hermann Leimbach in einem Pressegespräch erläuterten, fiel ihre Entscheidung innerhalb von zwei bis drei Wochen, wobei das Angebot der Wiking-Gruppe sie sofort überzeugt habe. Schließlich hätten sie auch von der Investitions- und Betreiberseite her genügend Erfahrung, um solch ein Unternehmen einschätzen zu können.

Sie wollen das Unternehmen – mit rund 100 Mitarbeitern einer der größten Arbeitgeber auf Amrum – nach ihren eigenen Worten bruchlos weiterführen. Auch werde sich, so Dr. Quast, in der örtlichen Geschäftsleitung nichts ändern. Unverändert fortgesetzt wird auch die Zusammenarbeit mit der Arbeiterwohlfahrt Hessen-Süd, die Mütter und Kinder nach Norddorf zur Kur schickt, wobei die Häuser für 1993 und 1994 bereits voll ausgebucht sind, wie von Dath zu erfahren war.

Es biete sich an, so die zwei Vertreter der Käufergruppe, sich im Bereich der Mutter-Kind-Heilverfahren noch weiter zu spezialisieren, wobei unter anderem an die Behandlung von Haut- und Atemwegserkrankungen sowie unter Asthma Leidender oder auch an Hilfen bei psychischen Problemen gedacht sei. Bevor dies konkret wird, gilt es erst entsprechende Verhandlungen mit den Krankenkassen zu führen.

Für Dath bedeutet der Verkauf übrigens nicht unbedingt einen Abschied von Amrum. Zum einen haben ihm die neuen Eigentümer lebenslanges Wohnrecht in seinem Appartement in Norddorf geschenkt und ihm zum anderen angeboten, in einem Beirat für die Amrumer Kureinrichtung mitzuwirken.

- len -

Das »Weiße Haus« in Wittdün

1,5 Millionen Mark investierte die Deutsche Mukoviszidose-Gesellschaft in ihre neue Eltern- und Patientenherberge auf Amrum. Im Beisein der Schirmherrin der Gesellschaft, Frau Christiane Herzog, wurde das in sechsmonatiger Bauzeit patientengerecht hergerichtete Haus Anfang Mai seiner Bestimmung übergeben: 13 Apartments stehen jetzt den erkrankten Kindern und Jugendlichen sowie deren Familienangehörigen zur Verfügung, die im maritimen Reizklima der Nordseeinsel eine nachhaltige Verbesserung ihres chronischen Krankheitsbildes suchen. Das auf überregionales Interesse stoßende Modellprojekt wurde auf Amrum eingerichtet, weil die jungen Patienten vor Ort in der LVA-Kinderfachklinik »Satteldüne« fachkundige ärztliche, krankengymnastische und sporttherapeutische Betreuung während ihres Inselaufenthaltes erfahren können. Die Klinik hat sich zu einem anerkannten Rehabilitationszentrum für Mukoviszidose entwickelt.

Das »Weiße Haus« in Wittdün

Die Mukoviszidose ist eine der häufigsten angeborenen Stoffwechselkrankheiten, die insbesondere die Lungenfunktion stark beeinträchtigt und nach wie vor nicht heilbar ist. Nur durch intensive wissenschaftliche Forschung und durch den immensen Einsatz von Physiotherapeuten und Familienangehörigen ist es in den letzten Jahren gelungen, die Lebenserwartung der Erkrankten deutlich zu steigern und die Lebensqualität zu verbessern. Die Deutsche Muko-Gesellschaft, in der sich Ärzte, Eltern und Betroffene in enger Kooperation zusammengeschlossen haben, unterstützt jetzt schon seit 30 Jahren diese Bemühungen und fördert durch Forschungs- und Betreuungsmaßnahmen die Patienten und ihre Familienangehörigen. Nach den Worten des Präsidenten der Gesellschaft, Professor

Diethelm Kaiser, soll das Amrumer Haus den Familienangehörigen der erkrankten Kinder und Jugendlichen zur Verfügung stehen, um sich von den Strapazen und psychischen Belastungen der Krankenpflege erholen zu können, mit der Gewißheit, daß die täglich notwendige Therapie auch in den Ferien fortgeführt werden kann. »Amrum ist zum Mekka der Mukoviszidosekranken geworden«, erklärte der Präsident die Bedeutung des Modellprojektes anläßlich der Einweihungsfeierlichkeiten, zu der auch Vertreter der Kieler Universitäts-Kinderklinik und zahlreicher Elterngruppen aus ganz Deutschland nach Amrum gereist waren.

Der Kauf des Hauses und die Finanzierung des Umbaus wurden durch großzügige Spenden von Stiftungen und Förderkreisen er-

Nebeler Strandkörbe in Privathand

Schlüsselübergabe zwischen dem Architekten Gerret Martinen und dem Präsidenten der Mukoviszidose-Gesellschaft, Prof.-Dr. Diethelm Kaiser

möglicht. Unter anderem stellte die Alfred-Herrhausen-Stiftung der Deutschen Bank 200 000 DM zur Verfügung. Eine sechsstellige Summe überbrachte der Abgesandte des »Round Table Deutschland«, Dr. Mörlein aus Bayreuth, und 300 000 DM hatte die Patienten-Selbsthilfe-Organisation durch den Verkauf einer Kunstmappe gesammelt. Die Schleswig-Holsteinische Gesellschaft zur Bekämpfung der Tuberkulose und anderer Lungenkrankheiten stellte ein zinsgünstiges Darlehn in beachtlicher Höhe bereit.

Die verhältnismäßig hohen Umbaukosten von 750 000 DM resultieren in erster Linie aus der Verwendung spezieller Materialien, die jegliche Allergie- und Infektionsgefahr verhindern sollen. Nach neuesten Erkenntnissen wurden zum Beispiel in die Abwasserleitungen Desinfektionsgeräte eingebaut, die schädliche Keime abtöten sollen. -kim-

Das Strandkorb-Geschäft am Nebeler Hauptstrand ist Anfang des Jahres durch Gemeinderatsbeschluß privatisiert worden. Viele Bürger und Kommunalpolitiker der Gemeinde erhoffen sich dadurch frischen Wind für das Strandgeschehen auf dem Kniep. Auch die Nebeler Kurgäste äußerten sich bei einer Kurzbefragung äußerst zufrieden mit der Entscheidung und freuen sich darüber, daß die beiden neuen Strandkorb-Vermieter Erk Winkler und Klaus Jessen auf individuelle Wünsche eingehen und der Service am Strand sich verbessert. Auf Hochtouren liefen vor Beginn der Saison die Reparaturmaßnahmen an den Strandkörben, die die Gemeinde für ca. 400 Mark netto pro Stück an die beiden Konzessionsträger verkauft hat. Entgegen den Zusicherungen in den Vertragsgesprächen befanden sich nämlich längst nicht alle Körbe in einem vermietungsfähigen Zustand. »Fehlende Armlehnen, zerrissene Markisen und defekte Arretierungssysteme müssen instand gesetzt werden«, stellte Klaus Jessen dazu fest. Auch das Alter der Körbe gibt noch einige Rätsel auf. Nur ein verschwindend kleiner Teil ist vor drei Jahren in Betrieb genommen worden, alle anderen Körbe sind zehn Jahre und noch älter. Die Gemeinde hatte bei den Verhandlungen ein Durchschnittsalter von sieben bis zehn Jahren angegeben. Langfristig planen die beiden Jungunternehmer, den Bestand durch fabrikneue Strandkörbe zu ergänzen. Die beiden Jungunternehmer hatten allerdings einen schlechten Start. Nach dem zunächst guten Sommerwetter ließ in der zweiten Hälfte der Saison die Nachfrage nach Strandkörben wetterbedingt stark nach.

– kim –

Peter Martinen – in Ehrenämtern seit 25 Jahren

Peter Martinen, wie die Welt ihn kennt, mit dem Gewicht seiner Ämter und seiner Person

»25 Jahre Ehrenbeamter des Landes Schleswig-Holstein, ein Grund zum Feiern.« Mit diesen Worten eröffnete Amrums stellvertretender Amtsvorsteher, Horst Rorandt, seine Laudatio, auf Peter Martinen anläßlich einer Jubiläums-Feierstunde am 20. April im Nebeler »Bahnhofshotel«. Zu diesem Fest waren nicht nur die führenden Köpfe der »Inselprominenz« eingeladen worden, sondern auch Vertreter der Feuerwehr aus dem Kreisgebiet und der Partnerstadt Lüdenscheid.

Eingangs erinnerte Rorandt an die Stationen im politischen Leben des heutigen Amtsvorstehers und Amtswehrführers. 1968 übernahm Martinen den ersten wichtigen Posten bei der Norddorfer Feuerwehr, von 1970 bis 1980 wirkte er als Gemeinderatsmitglied seiner Heimatgemeinde, und seit 1982 bestimm-

te er in seiner Funktion als Amtsvorsteher wesentlich die Geschicke der Insel Amrum. Erwähnt wurden auch seine Arbeit als Kreistagsabgeordneter und seine Mitgliedschaft im Finanzausschuß des Kreises sowie die Mitgliedschaft im Finanzausschuß des schleswigholsteinischen Gemeindetages.

Bei all diesen Ämtern handele es sich ausschließlich um Ehrenämter, stellte Rorandt fest und betonte: »Das Element der ehrenamtlichen Tätigkeit muß in heutiger Zeit gebührend zum Ausdruck kommen, denn es heißt freiwilliges und unentgeltliches Engagement zum Wohle der Allgemeinheit.« Um so größer sei auch sein Respekt vor der Leistung des Jubilars, denn »es ist nicht selbstverständlich, daß jemand soviel Zeit und Arbeit investiert – und dies sehr erfolgreich«.

In den über sieben Jahren fruchtbarer Zusammenarbeit im Amtsausschuß habe er immer wieder festgestellt, »daß Peter Martinen sich nie von irgendwelchen Mehrheitsmeinungen hat biegen lassen und immer die Bereitschaft zur Kooperation gezeigt hat«.

Als größten Erfolg der bisherigen Amtszeit wertete Rorandt die Verabschiedung des gemeinsamen Flächennutzungsplanes im Jahre 1988, der das Kernstück für die zukünftige Weiterentwicklung der Insel Amrum sei. Gesundheit, Erfolg und weiterhin soviel Tatkraft wie bisher waren die Wünsche, die er Peter Martinen für die weitere politische Laufbahn mit auf den Weg gab.

Die Verdienste in der Amrumer Feuerwehr würdigte Heinz-Werner Hansen aus Nebel, und der stellvertretende Kreisbrandmeister Erich Petersen überbrachte die Glückwünsche des Kreisfeuerwehrverbandes: »Unser Peter war es uns wert, auf die Insel zu kommen.« Diplomatie und Aktivität zeichne seine Arbeit im Kreisvorstand aus, in dem er seit fünf Jahren die Interessen der Föhrer und Amrumer Wehren vertritt.

Den Reigen der Gratulanten setzte Pastor Segschneider von der St.-Clemens-Gemeinde fort. Er bezeichnete Peter Martinen als einen »klugen Mann«, dessen herausragende Fähigkeit die Kooperationsbereitschaft und der Blick für die wichtigen Dinge sei. »Sein Sinn fürs Praktische« sei in einer Zeit, in der die Verwaltung und Bürokratie die ehrenamtlichen Politiker in einem Dschungel von Rechtsvorschriften zu erdrosseln drohe, nicht hoch genug einzuschätzen: »Es ist gut zu wissen, daß die Insel an der Spitze einen Mann hat, der den Durchblick behält und mit Unterstützung der gut funktionierenden Amtsverwaltung die wichtigen Dinge anpackt.« Für die Fortsetzung dieses Weges wünsche er dem Jubilar Gottes Segen.

Besondere Anerkennung erhielt auch die Ehefrau Gerda, der nicht nur alle Gastredner für ihre Geduld und Einsicht für das politische Engagement ihres Mannes Dank sagten, sondern auch Peter Martinen in seiner Schlußrede selbst. Ohne ihre Toleranz gegenüber einem Politikerleben, das oft zu Lasten der Familie und der Freizeit gehe, sei die ehrenamtliche Tätigkeit des heutigen Amtsvorstehers nicht durchführbar gewesen.

– kim –

Günter Winkler – Letzte Runde mit der Post

Mit einem lachenden und einem weinenden Auge verabschiedeten sich die Nebeler Bürger Ende Juli von Günter Winkler. Lachend, weil der gebürtige Bad Oldesloer nach 38 Jahren im Postdienst auf eigenen Wunsch in den wohlverdienten vorzeitigen Ruhestand gehen kann, und weinend, weil damit eine besondere Ära im Postzustelldienst der größten Amrumer Gemeinde zur Ende geht.

Mit seinem girlandengeschmückten Postwagen fuhr Günter Winkler, seit seiner Beamtenprüfung im Jahr 1969 Postbetriebsassistent, seine letzte Runde durch Nebel, und die alteingesessenen Amrumer erinnerten sich noch einmal an die Zeit, als »ihr Postbote« schwere Amerika-Pakete ins Haus trug. »Er war im wahrsten Sinne des Wortes ein Freund und Helfer«, meinte eine Nebeler Bürgerin und berichtete, daß Günter Winkler, der eine Vertrauensstellung bei seinen Kollegen und den Insulanern erworben hat, so manch einen Wäschekorb angefaßt und mit in die Wohnung getragen habe.

Seine Tätigkeit bei der Post hat der Scheidende am 30. September 1955 aufgenommen – in einer Zeit, als die 45-Stunden-Woche noch

Günter Winkler

die Regel war. Damals war die Poststelle noch im Nebeler Waasterstigh untergebracht, im heutigen Haus von Peter und Lore Schau, und die Post wurde bei Wind und Wetter auf dem Fahrrad ausgetragen.

»38 Jahre im Außendienst der Nebeler Post, das ist schon eine beachtliche Leistung«, stellte deshalb auch der Vorsteher des Postamtes Niebüll, Dubberke, anläßlich der Verabschiedung von Günter Winkler fest. Anwesend waren dabei auch der Vorsitzende des Niebüller Personalrates, Horst Rorbach, und der Wyker Dienststellenleiter Detlef Brandmeier.

Mit einer Ehrenurkunde und einem großen Blumenstrauß verabschiedeten sie sich zusammen mit den Mitarbeitern der Amrumer Post von ihrem langjährigen Mitarbeiter. Daß auch im Ruhestand keine Langeweile auftritt, dafür sorgen schon die Hobbys des 62jährigen: Er ist ein passionierter Reiter und Jäger und aktives Mitglied der Amrumer Blaskapelle. Auch seine Frau freut sich, daß ihr Ehemann jetzt etwas mehr Zeit für »Haus und Hof« haben wird und bei der Betreuung der Feriengäste mithelfen kann.

– kim –

Ulli Petersen – 25 Jahre im Dienst

Ulli Petersen

»Wo kommen nur die vielen Grünröcke her?« fragten sich die Amrumer am 2. September angesichts der zahlreich von der Fähre strömenden uniformierten Polizisten. Aber keine Angst, weder war eine Verbrecherjagd auf Amrum angesagt noch sollten Verkehrssünder zur Strecke gebracht werden, vielmehr galt es, das 25jährige Dienstjubiläum des Leiters der Amrumer Polizeistation, Ulli Petersen, zu feiern. Von Föhr und vom Festland kamen deshalb die Gäste, und auch die Wasserschutzpolizei hatte sich wegen des besonderen Anlasses mit einem landeseigenen Schiff auf den Weg nach Amrum gemacht, um die Glückwünsche zu übermitteln.

Anläßlich des Empfangs im Restaurant Steenodde waren viele private Freunde und auch zahlreiche Vertreter der Amtsverwaltung anwesend. Horst Rorandt betonte in seiner Funktion als stellvertretender Amtsvorsteher und Nebeler Bürgermeister, wie gekonnt der Jubilar die Gratwanderung zwischen Amtsautorität und menschlichen Beziehungen im dörflichen Leben gemeistert habe. »Es ist nicht leicht, dem Bürger gegenüber repressive Distanz zu wahren, um den dienstlichen

Aufträgen zu genügen, und andererseits anerkannt und beliebt zu sein« meinte Rorandt und bescheinigte Ulli Petersen, daß er diesen Konflikt aufs beste gelöst habe, da er das ausreichende Maß an Sensibilität für die Belange der Bürger aufbringe. »Bleib' so wie Du bist, sei Bürger unter Bürgern«, wünschte der Bürgermeister dem Jubilar für die nächsten 25 Dienstjahre.

Ulli Petersen war am 1. März 1980 nach Amrum gekommen, nachdem er seine Ausbildung in Eutin und Kiel abgeschlossen hatte und bereits Polizeidienst in Schleswig und Husum geleistet hatte. Auf Amrum war er bis 1992 zweiter Beamter auf der Nebeler Polizeiwache. Im Februar trat Petersen die Nachfolge des plötzlich verstorbenen langjährigen Amrumer Polizeichefs Peter Heymann an und leitet seitdem die Nebeler Dienststelle in der Funktion eines Polizeihauptmeisters. Als neuer zweiter Beamter kam im April 1992 Jens Steffen auf die Insel.

– kim –

Jubiläen im Amt Amrum

25 Jahre im öffentlichen Dienst: Amtskämmerer Norbert Gades (links) und Amtskassenleiter Raimund Neumann haben den Amtsvorsteher Peter Martinen in ihre Mitte genommen

50 Jahre im öffentlichen Dienst. Gemeinsam haben Norbert Gades und Raimund Neumann soviel Dienstjahre auf dem Buckel und sehen dabei doch noch recht frisch und erholt aus. Im Nebeler »Bahnhofshotel« feierten die beiden Jubilare am 27. September ihr jeweils 25jähriges Dienstjubiläum im Kreise ihrer Arbeitskollegen von der Amtsverwaltung und der politischen Prominenz der Insel Amrum. Zu diesem Zweck blieben die Pforten des Amtes Amrum einen Tag lang für die Bürger geschlossen. »Es war eine Zeit beachtlicher Kopfschmerzen, in der es mit unserer Haushaltswirtschaft nicht zum besten stand«, erinnerte Amtsvorsteher Peter Martinen die Festgäste an das Jahr 1980, als der neue Kämmerer Norbert Gades und Raimund Neumann als Kassenleiter nach Amrum geholt wurden. Die Kassengeschäfte waren damals in desolatem Zustand, und die Bevölkerung hatte das Vertrauen zur Amtskasse weitgehend verloren. Noch heute sei man – so Martinen – dem damaligen Amtsvorsteher Otto Krahmer dankbar für sein Gespür bei der Kandidatenauswahl. »Die beiden haben die Dinge schnell in den Griff bekommen und das Vertrauenspotential der Bürger zurückgewonnen.«

Norbert Gades hatte bereits vor seinem Amtsantritt auf Amrum auf einer Insel gearbeitet: nach seiner Ausbildung in der Pinneberger Kreisverwaltung war er 1973 nach Helgoland abgeordnet worden und ist nun seit 13 Jahren auf Amrum. 1991 wurde er in Anerkennung der Wertschätzung seines Wissens und der Qualifikationen zum Amtsrat befördert. »Er ist äußerst kreativ, berät die Gemeinden und Kurbetriebe optimal und unterstützt die Landschaftspflege und den Inselschutz«, lobte der Amtsvorsteher.

Raimund Neumann war, bevor er als Kassenleiter nach Amrum kam, im Kassendienst der Stadt Neumünster, in St. Peter-Ording und Quickborn tätig. Heute sorgt er nicht nur dafür, daß die Kasse der Amrumer Amtsverwaltung stimmt, sondern ist auch noch als Leiter des Arbeitskreises NF im Fachverband der kommunalen Kassenverwalter tätig.

Rückblickend, stellte Peter Martinen fest, ist es gut zu wissen, daß Amrum Beamte wie Gades und Neumann, aber auch Erwin Meinert habe, die eine Garantie dafür gäben, daß die anfallende Arbeit sachgemäß erledigt wird.

»Schon seit Friedrich dem Großen ist bekannt, daß eine ordentliche Finanzverwaltung Grundvoraussetzung für eine funktionierende Selbstverwaltung ist«, erklärte Alt-Amtsvorsteher Otto Krahmer. Leistungsbereitschaft und Einsatz sei immer bei den beiden Jubilaren anzutreffen gewesen, und sie hätten demonstriert, daß zum Beamtendasein nicht nur Verdienen, sondern auch Dienen gehöre.

- kim -

Udo Kabbe legte den Taktstock aus der Hand

Die »Ära Kabbe« bei der Amrumer Blaskapelle ist jetzt Vergangenheit. Am 4. September fand nicht nur das letzte Kurkonzert der Blaskapelle in der Saison 1993 statt, sondern auch der letzte Auftritt unter Leitung von Udo Kabbe. Fast ein Vierteljahrhundert lang haben die Musiker nach seinem Taktstock geschaut, wo immer sie auf der Insel gespielt haben: bei Feuerwehrfesten, Ringreiten, Maifeiern, kirchlichen Feiertagen und großen Geburtstagen und den vielen Konzerten für die Kurgäste. 70 bis 80 Einsätze inklusive der Übungsabende im Winter kamen so im Lauf des Jahres zusammen und haben die Musikercrew und ihren Dirigenten zusammengeschweißt.

Da ist es nicht verwunderlich, wenn der Abschied jetzt schwerfällt. Bereits anläßlich des

Udo Kabbe – nach knapp 25 Jahren Abschied als Dirigent der Amrumer Blaskapelle

küste anders sein – auch viele Lieder mit maritimem Flair.

In seinem Rückblick auf ein über 25jähriges Musikerleben hob Nebels Bürgermeister Horst Rorandt die Bedeutung der Kapelle nicht nur für die Fremdenverkehrsinteressen Amrums hervor, sondern auch für das insulare Gemeinschaftsgefühl. »Die Blaskapelle, die inzwischen schon ein professionelles Niveau erreicht, ist heute zum festen Bestandteil des dörflichen Lebens geworden und aus dem Geschehen nicht mehr wegzudenken«, meinte Rorandt. Er erinnerte die Gäste in der festlich geschmückten Nordseehalle in Wittdün an die Schallplattenaufnahmen der Musiker, an eindrucksvolle Reisen und an die »Revolution«, als 1976 die erste weibliche Bläserin den bis dahin reinen Männerverein aufgefrischt hatte. Dieser »Pionierfrau« sind bis heute fünf weitere Musikerinnen gefolgt.

Wie ein roter Faden zog sich auch die leidige »Uniformdebatte« durch die Beiträge aller Festredner. »Nicht Feuerwehr, aber trotzdem einheitlich gekleidet«, lautete der kleinste gemeinsame Nenner.

Mit den Worten »Wie arm wären wir, wenn es diese Kapelle nicht gäbe« und »wir werden Dich vermissen, Udo« faßte Bürgermeister Rorandt zusammen, was sicherlich alle Festgäste bei der Verabschiedung des Dirigenten fühlten. Vergessen wurde ebenfalls nicht, die »geduldige Toleranz« von Birgit Kabbe zu würdigen, die in den letzten beiden Jahrzehnten auf manch eine gemeinsame Freizeit mit ihrem Mann verzichten mußte, weil dieser derweil den Taktstock schwang.

Auch in Zukunft wird nach Auskunft von Hark Thomsen die Amrumer Blaskapelle nicht ohne Dirigent auskommen müssen: Karsten Brinkmann aus Wittdün übernimmt die Leitung der Kapelle, und alle Musiker und Amrumer wünschen ihm ein gutes Gelingen.

- kim -

Besuches der Föhrer Musikgruppen Anfang September hatten die Offiziellen die Leistung Kabbes für die Insel eingehend gewürdigt. Im kleinen Kreis zusammen mit der Trachtengruppe, welche in den letzten Jahren meist gemeinsam mit der Blaskapelle auftrat, wurde Kabbe nun auch von seinen Musikkollegen verabschiedet.

1969 löste Udo Kabbe – damals noch Junglehrer auf Amrum – seinen Vorgänger Erwin Paulsen ab und hat seitdem das Repertoire der Blaskapelle kontinuierlich an den gewandelten Musikgeschmack angepaßt. Zu den traditionellen Märschen traten im Laufe der Zeit Schlager und – wie könnte es an der Nordsee-

Per Expreß durchs Wattenmeer

Die »Adler-Express«, das erste düsengetriebene Schnellschiff im nordfriesischen Wattenmeer, sorgte 1993 an der Küste für Gesprächsstoff. Dabei schlugen die Wellen an Land – bei Politikern, Interessenvertretern und Betroffenen oft höher als auf See, wo der Heckschwell bei nüchterner Betrachtung nicht die »Kawenszmann-Ausmaße« annahm, den Gegner befürchteten. Wie immer, wenn technische Neuerungen eingeführt werden, war die Stimmung auf den Inseln und Halligen geteilt. Einerseits wurden Schnelligkeit, Bequemlichkeit und Komfort des neuen Schiffes gelobt, andererseits warnten besorgte Bürger vor den Auswirkungen auf die Natur und Konsequenzen für den Tagestourismus. Jungreeder Sven Paulsen von Nordstrand hatte es oft schwer, sein auf einer schwedischen Werft gebautes Aluminiumboot vor allzu emotionalen Angriffen in Schutz zu nehmen. Weil das Schiff – im Liniendienst zwischen Nordstrand und Sylt eingesetzt – auf dem Hin- und Rückweg auch fahrplanmäßig die Insel Amrum anlief, beschäftigten sich auch insulare Gremien mit dem maximal 40 Knoten schnellen »Flitzer«. Besonders diejenigen, die mit dem Schiff schon einmal gefahren waren, äußerten sich lobend über die Geräuscharmut und den gebotenen Service. Handelsreisende wissen die

Der Einsatz des Schnellschiffes »Adler-Express« schlug hohe Diskussionswellen

Der Verursacher der Aufregung trägt alles mit Humor: Kurt Paulsen von Nordstrand

Vorteile der neuen Verbindung zu schätzen, und die Hotelerie und Gastwirtschaft stellt mit Genugtuung fest, daß Tagestouristen nicht mehr gehetzt im Drei-Stunden-Takt Amrum erkunden müssen, sondern bei acht Stunden Aufenthalt sogar Zeit für eine Tasse Kaffee in Norddorf haben.

Aber es bleiben auch viele Fragen offen: Können mausernde Vögel dem schnellen Flitzer rechtzeitig ausweichen, vergrößert sich die Fluchtdistanz der Seehunde, kommen diese womöglich in den Düsen zu Tode, wächst die Belastung auf den Inseln durch zusätzliche Tagestouristen, und wieviele High-Tech-Schiffe kommen zukünftig noch nach Amrum? Hinzu kommen Fragen die die Lebensart betreffen: Warum müssen wir so schnell fahren und das ausgerechnet in einem Nationalpark? Sind nicht gerade Ruhe und Beschaulichkeit der langsam dahintuckernden WDR-Fähren ein Stück Urlaubserlebnis? Seehundsexperten konnten auf »Probefahrten« keine Verhaltensänderungen bei Seehunden feststellen, und der gefürchtete Schwell der

»Adler-Express« stellte sich als relativ harmlos heraus. Behördenfahrzeuge von Polizei, Zoll und Wasserbehörden und private Motorboote, die seit Jahren mit hoher Geschwindigkeit durchs Wattenmeer fahren und trotz ihrer mächtigen Hecksee nie kritisiert wurden, relativierten die Argumente der Naturschützer, insbesondere des verantwortlichen Nationalparkamtes in Tönning. Wie so oft in der Vergangenheit lief die Landesbehörde 1993 der Entwicklung hinterher und fordert im Nachgang eine Geschwindigkeitsbegrenzung im Wattenmeer, die bei der Verabschiedung des Nationalparkgesetzes im zuständigen Bonner Verkehrsministerium nicht mit Nachdruck durchgesetzt worden war.

Öffentlich und eindeutig spricht sich auf Amrum nur der Hotel- und Gaststättenverband gegen eine Geschwindigkeitsbeschränkung aus. Die meisten Insel-Politiker vermeiden ein klares Votum, wohl wissend, daß die Meinung der Bevölkerung gespalten ist und man sich im Spiegel der emotional geführten Diskussion auf dem nordfriesischen Festland dem Makel des Umweltfrevlers aussetzt, wenn man das Schiff »gut findet«. Der Landrat, der Kreistag, die Landtagsfraktionen und die Bundes-SPD stellen Ende des Jahres einmütig in Bonn den Antrag einer Begrenzung der Geschwindigkeit im Nationalpark auf maximal 12 Knoten. Dabei spielen nicht zuletzt wirtschaftliche Gesichtspunkte eine Rolle: der Bestandsschutz der Husumer Werft, die nur konventionelle Schiffe bauen kann, Konkurrenzschutz für die WDR, die sich aus Umweltschutzgründen gegen schnelle Schiffe ausspricht, aber gleichzeitig droht, im Falle des Falles selbst solch ein Schiff zu bestellen, und die Weigerung der verantwortlichen Politiker, sich inhaltlich mit dem Problem »Tagestourismus« auseinanderzusetzen, denn es stellt sich die Frage, warum eine 1300-Personen-Fähre, die auch 113 Pkw auf die Insel transportieren kann, umweltverträglicher ist als ein 450 Personen beförderndes Schnellschiff. 							– kim –

25 Jahre DGS Amrum

»Ich wünsche der Amrumer Schule fröhliches Kinderlachen und sichere pädagogische Entscheidungen«, das war die Botschaft, die Schulrat Hark Martinen anläßlich der Feierstunde zum 25jährigen Jubiläum der Amrumer Dörfergemeinschaftsschule am 3. September überbrachte.

In einer Zeit großer Umstellungen in der Schullandschaft sei die Bereitschaft zur geistigen Offenheit für pädagogische Neuerungen Grundvoraussetzung, genauso wie eine enge Kooperation mit der Elternschaft. Der Husumer Schulrat erinnerte die circa 200 Gäste in der festlich geschmückten Turnhalle an die vielen Reformen im Bildungswesen, die in den letzten 25 Jahren immer wieder eine Herausforderung für alle an der Schule Arbeitenden gewesen sind: angefangen von der Aufbruchstimmung der 68er bis hin zum offenen Unterricht, welcher heute an den Grundschulen praktiziert werde und eine Antwort auf die sich wandelnden Erziehungsprinzipien in der Gesellschaft sei.

Auf die geänderten Familienverhältnisse auf Amrum ging Schulleiter Werlich in seiner Festrede ein. Auf Grund der ständig steigenden Mitarbeit der Mütter im Fremdenverkehr komme auf die Schule eine neue Aufgabe zu. Es gelte, die Erziehung der Kinder darauf auszurichten, daß diese befähigt werden, sich

Prominenz in der 1. Reihe: von rechts Schulrat Hark Martinen, Amtsvorsteher Peter Martinen, der Norddorfer Bürgermeister Volkert Peters, die Wittdüner und Nebeler Amtskollegen Klaus Theus und Horst Rorandt

in der komplexen Struktur ihrer Umwelt zu bewähren und ihre Freizeit sinnvoll zu gestalten.

In einem Rückblick zeigte er noch einmal die Stationen der Schulentwicklung auf Amrum in der jüngsten Vergangenheit auf. Bis zur Gründung der Dörfergemeinschaftsschule in Nebel vor nunmehr 25 Jahren, die auf eine Initiative des damaligen Schulleiters Brälye zurückgeht, habe in Norddorf und Wittdün eine Volksschule mit den Klassen eins bis sechs bestanden. In Nebel waren zusätzlich an der dortigen Schule die Klassen sieben bis neun sowie ein Aufbauzug mit den Klassen sieben bis zehn eingerichtet. Aus diesem Aufbauzug ging später die heutige Realschule hervor.

Im Rahmen eines Architektenwettbewerbes wurde aus 24 eingereichten Entwürfen – wie sich heute zeigt – sicherlich nicht der beste ausgewählt. Da die Flachbauweise zum großen Leidwesen nicht nur aller Lehrer und Schüler, sondern auch des Schulträgers, die für die hiesigen klimatischen Verhältnisse denkbar schlechteste Lösung war, mußte in den Folgejahren viel Geld in die Instandhaltung der Schule gesteckt werden. Im Jahre 1973 – auf dem Höhepunkt des Schülerberges – wurde in Fertigbauweise der heutige Grundschultrakt angebaut. Damals besuchten über 350 Kinder die Nebeler Schule, während heute nur noch 180 Schüler unterrichtet werden.

Auch die später angebaute Turnhalle wies in der Folgezeit erhebliche Baumängel auf. Der gesamte Baukörper wurde in den Jahren 1987 und 1989 für viel Geld mit einem Schrägdach ausgestattet.

Seit dieser Zeit, so berichtete auch Amtsvorsteher Peter Martinen in seinen Grußworten, besteht die Hauptaufgabe des Hausmeisterehepaares Hansen auch nicht mehr darin, die Wassereimer zu entleeren, die unter den Leckstellen angebracht waren. Martinen erin-

Mit Singspielen und Theater unterhielten Schüler . . .

nerte die Zuhörer an die hohe Lehrerfluktuation an der Amrumer Schule: Insgesamt 76 Lehrerwechsel waren in den letzten 25 Jahren zu verzeichnen, und das Wohnraumproblem für das Lehrpersonal sei bis heute nicht befriedigend gelöst.

Im Namen der Elternschaft überbrachte Barbara Kossmann Glückwünsche, und die Schüler und Schülerinnen zeigten unter Leitung ihres Musiklehrerehepaares Katharina und Michael Döring ihr Können: Ihre lustigen, selbstgereimten Singspiele und Instrumentalstücke ernteten viel Beifall.

Im Anschluß an den Festakt und abseits des Geschehens bekamen die Kollegen der Föhrer Schulen, die eigens nach Amrum gereist waren, ebenfalls Gelegenheit, ihre Glückwünsche zu übermitteln und die schönen, kindgerechten Geschenke an Schulleiter Heiko Werlich zu übergeben.

Bedingt durch die starken Regenfälle fiel die – auf dem Schulhof geplante – Schülerolympia-de praktisch ins Wasser. Dafür hatten Eltern, Kinder und Gratulanten jedoch Gelegenheit, im Schulgebäude diverse Fachausstellungen zu besuchen und auf Bildern aus vergangenen Zeiten das eine oder andere bekannte Gesicht zu suchen. Ebenso bestand Gelegenheit, zum Selbstkostenpreis die eigens von Georg Quedens zum Schuljubiläum herausgegebene Chronik der »Schulen und Lehrer auf Amrum« zu erwerben.

Unzweifelhaft war das Theaterstück, aufgeführt von den Lehrern der Amrumer Schule, der eigentliche Höhepunkt. Birgit Kabbe hatte ein spritziges Stück geschrieben, in dem Szenen aus dem Schulalltag dargestellt wurden. Spezielle Situationen auf dem Schulhof, im Lehrerzimmer oder nachmittags bei den Hausaufgaben rissen das begeisterte Publikum immer wieder zu Beifallsstürmen hin. Ein geselliges Beisammensein bei Kaffee und Kuchen rundete die Jubiläumsfeier ab.

– kim –

. . . und Lehrer die Besucherschar zum Jubiläum der DGS

Schulwesen seit Jahrhunderten

25 Jahre Dörfergemeinschaftsschule – das ist keine lange Zeit, gemessen an der Geschichte des Schulwesens auf Amrum. Früher als andernorts in ländlichen Gebieten wurde Schule auf den Nordfriesischen Inseln gehalten – bedingt durch die Seefahrt, die entsprechende Kenntnisse (Lesen, Schreiben, Rechnen) erforderte, wenn man höhere Ränge (Steuermann, Kapitän und Commandeur) erreichen oder Kauffarteihandel mit eigenen Küstenschiffen betreiben wollte. Erste Nachrichten über Schulen bzw. Lehrer auf Sylt und Föhr datieren aus der Zeit um 1600. Und sicherlich hat es um diese Zeit ebenso auf Amrum ein gewisses Schulwesen gegeben, wenn auch

Grabstein des Küsters und Lehrers Hark Knudten auf dem St.-Clemens-Friedhof

wie auf den anderen Inseln, zunächst nur für die männliche Jugend. Es gab aber anfangs keine eigens dazu ausgebildeten Lehrer. Weil das Schulwesen unmittelbar mit der Kirche verbunden war, amtierten in den jeweiligen Kirchengemeinden Küster als Lehrer. In diesen sogenannten »Küsterschulen« stand die Religion ganz oben auf dem Lehrplan. Doch auch dort, wo Laienlehrer wirkten – beispielsweise um Anno 1760 in Norddorf und Süddorf genannt –, standen die »Katechismen« an erster Stelle. Anders aber in den »Seemannsschulen«. Hier wirkten altgediente Seefahrer, Steuerleute oder Kapitäne, die sich zur Ruhe gesetzt (die See »bedankt«) hatten und gegen ein entsprechendes Entgelt der männlichen Jugend den Wissensstoff der weltweiten Seefahrt vermittelten. Laienlehrer standen aber auch den Allgemeinschulen vor. Erst im Jahre 1815 erhielt die St.-Clemens-Gemeinde Nebel einen Küster, der zugleich auch seminaristisch ausgebildeter Lehrer war (Paul Feddersen). Bis dahin hatten an der Amrumer Hauptschule in Nebel Küster ohne besondere Vorbereitung für den Schuldienst amtiert. Die erstgenannten Küster und Lehrer hießen Johann Schmidt, der von 1664 bis 1728 lebte, und Hark Knudten, 1709 in Norddorf geboren und 1736 zum Küster erwählt, wie es der noch vorhandene Grabstein verrät. An der Schule in Norddorf wurde erst 1839 ein Lehrer angestellt, der eigens dazu ausgebildet worden war (Johann Martensen).

Die Finanzierung des Schulwesens erfolgte zunächst ausschließlich durch die Eltern, deren Kinder die Schule besuchten. Die Besoldung der Lehrer bestand neben Bargeld auch aus Naturalleistungen wie Getreide und Kerzenlichtern. Erst im Laufe des 19. Jahrhunderts wurden alle Abgabe zahlenden Inselbewohner entsprechend ihrer Einkommen und Vermögen zu den Kosten des Schulwesens herangezogen, auch wenn sie selbst keine

Kinder in der Schule hatten. Eine besondere Note erhielt die Finanzierung des Amrumer Schulwesens durch die jährlichen Beiträge aus den Einnahmen des »Strand-Legates«. Diese Einnahmen bestanden aus einem Anteil von 5 % an den Bergelöhnen von geretteten Schiffsgütern oder wieder flottgemachter, gestrandeter Schiffe. Strandungsfälle waren eine der Grundlagen des Amrumer Schulwesens. Das Strandlegat bestand von Anno 1820 bis 1922. Dann ging das Vermögen in der nachfolgenden Inflation verloren. In dänischer Zeit beteiligte sich der Staat lange Zeit nur durch Verordnungen am Schulwesen. Erst um die Mitte des 19. Jahrhunderts wurden Beihilfen für Lehrer und Lehrerwitwen gezahlt. Nach dem Staatswechsel von Dänemark zu Preußen bzw. zum Deutschen Reich geriet das Schulwesen sowie dessen Finanzierung zunehmend in die Hand des Staates. Unverändert aber führte die Kirchenbehörde die Aufsicht über Schulen und Lehrer. Und während der Küster wie bisher auch gleichzeitig Hauptlehrer war, stand der Inselpastor als Schulinspektor dem »Schul-Comitee« vor. Erst Anfang der 1920er Jahre, nach Umwandlung des Deutschen Reiches von der Monarchie zur Republik, wurde das Schulwesen dem politischen Staat und den Gemeinden übertragen, und der Pastor war nur noch einfaches Mitglied im Schul-Comitee. Die organische Verbindung des Küster- und Hauptlehreramtes dauerte auf Amrum aber noch bis zum Jahre 1933. Der auf Föhr gebürtige Lehrer Lorenz Konrad Knudsen war der letzte Vertreter beider Ämter.

★

Es ließ sich bis heute nicht ermitteln, wann auf Amrum die ersten Schulgebäude errichtet wurden, aber sicherlich gab es solche Gebäude mindestens seit Mitte des 18. Jahrhunderts. Das Schulhaus von Nebel stand nördlich des Pastorates. Aus einem Schreiben von Pastor Christian Riese Mechlenburg an die Behörden in Ribe ist bekannt, daß die Schule 1791 *neu* aufgeführt wurde, also vorher ein älteres Gebäude vorhanden war. Nachdem im Königreich Dänemark im Jahre 1814 eine neue Schulverordnung erschien, verbunden mit der Schul*pflicht* aller Kinder vom 7. bis zum 14. Lebensjahr, wurde an Stelle dieser Schule ein neues Gebäude errichtet, um der Verordnung Genüge zu tun. Diese Schule bestand bis 1886.

Ein grundlegender Neubau erfolgte dann im letztgenannten Jahr im Süden von Nebel, auf einem Feld namens Toftum. Dieser Ort wurde gewählt, um den Kindern von Süddorf und Steenodde den Schulweg zu verkürzen. 1895 wurde neben der Schule zusätzlich ein Lehrerwohnhaus für einen verheirateten Lehrer mit Familie und eine unverheiratete Lehrerin gebaut. Mit dem Bau der sogen. »Gewerbeschule« im Jahre 1912 rundete sich das Schulgewese in Nebel dann zunächst ab.

Die Norddorfer Schule stand auf dem hohen Geesthügel über dem Dorf, genau dort, wo sich heute die Gaststube vom Hotel Hüttmann befindet. Das Vorhandensein dieser Schule, einer kleinen, reetgedeckten Kate, wird durch ein Schreiben des Pastors Carsten Christiansen an den Bischof zu Ribe im Dezember 1781 belegt. Der Pastor bemüht sich um einen »ordentlichen« Lehrer für die Schule, aber die Norddorfer Schulinteressenten stellten gegen den Willen des Pastors einen älteren Mann aus dem Dorfe, den Rochenfischer Peter Sönken, an.

Die kleine Schulkate, 1843 grundlegend erneuert, diente ihrem Zweck bis 1891. Dann wurde gegenüber eine neue Schule mit Lehrerwohnung im Stile der damaligen Zeit gebaut und das alte Schulhäuschen von Heinrich Hüttmann erworben. Wenige Jahre später war es im Komplex der zunächst unorganischen Hotelgebäude verschwunden. Das neue Norddorfer Schulgebäude ging fast unverändert durch die Zeit, ehe es 1968, nach dem Bau der Dörfergemeinschaftsschule, zur heutigen Kur- und Gemeindeverwaltung umgebaut wurde.

Eben vor 1900 stellte sich auch im jungen, erst 1890 gegründeten Badeort Wittdün die Frage nach einem Schulbau, wurden doch während der Saison rund 30 Schüler gezählt, die man zunächst im Verwaltungsgebäude der Badedirektion unterrichtete. 1899 entstand in einem Dünental ein originelles Schulgebäude im Villenstil, das, von einem Erweiterungsbau im Jahre 1950 abgesehen, seinen Zweck bis 1968 erfüllte. Es wurde dann, als alle Schüler in den Neubau der Dörfergemeinschaftsschule konzentriert wurden, ebenfalls als Kur- und Gemeindeverwaltung umgebaut.

Eine neue Ära der Amrumer Schulgeschichte begann im Jahre 1950 durch die Gründung des Aufbauzuges als Vorstufe zur Realschule. Initiator des Aufbauzuges war der in Norddorf wirkende Lehrer Artur Moczarski, der dann aber doch nicht dessen Leiter wurde, sondern diesen Posten Egon Brälye überlassen mußte. Für den Aufbauzug wurde 1957 ein Neubau in Verbindung mit dem Gebäude der »Gewerbeschule« errichtet und erhielt nun von der Schulbehörde den entsprechenden Status als »voll ausgebaut«. Aber schon wenige Jahre später, 1962, kam die Dörfergemeinschaftsschule ins Gespräch.   G. Q.

Hausmeisterehepaar Hansen – Jubiläum in der DGS

Seit nunmehr 25 Jahren sorgt das Hausmeisterehepaar Heinz-Werner und Gerda Hansen dafür, daß die Voraussetzungen für einen ordentlichen Schulbetrieb gewährleistet sind. Sicherlich ein Beruf, für den nicht jedermann das notwendige Nervenkostüm mitbringt, gilt es doch, mit Kindern und Jugendlichen umzugehen, die nicht immer nur lieb und ordentlich sind, und ein Schulgebäude in Schuß zu halten, dessen bauliche Gegebenheiten von Beginn an eher miserabel waren.

Deshalb war das 25jährige Dienstjubiläum der »Hansens« Anfang Juli Anlaß genug für eine Feierstunde im Lehrerzimmer der Dörfergemeinschaftsschule. Als Schulträger überbrachte das Amt Amrum durch seinen Amtsvorsteher Peter Martinen die herzlichsten Glückwünsche. Mit einigem Schmunzeln nahmen die zahlreich erschienenen Gäste aus den Kommunen, der Schule und dem Amt zur Kenntnis, daß man vor 25 Jahren noch unbedingt verheiratet sein mußte, wenn

man sich um die Stelle eines Hausmeisters bewarb. In seinem Bewerbungsschreiben wies der damalige Aspirant deshalb auch darauf hin, daß er in Kürze Frau Gerda Nommsen ehelichen würde, die noch heute an seiner Seite steht und mit ihm gemeinsam das Schulgebäude und den Schulhof pflegt, berichtete Martinen. Darüber hinaus stellte er fest, daß inzwischen mehr als zwei Millionen Mark an Renovierungs- und Instandhaltungskosten in die Dörfergemeinschaftsschule geflossen sind.

Wie wichtig die gute Kooperation mit dem Hausmeister einer Schule für den reibungslosen Ablauf des Betriebes ist, stellte Rektor Heiko Werlich heraus, der seit 19 Jahren Schulleiter auf Amrum ist und die treuen Dienste des Ehepaares Hansen zu schätzen weiß. »Ein guter Hausmeister ist schon die halbe Miete«, meinte Werlich und hob besonders die liebevolle Umsorgung durch Gerda Hansen hervor, die immer, wenn Besuch

Gerda und Heinz-Werner Hansen, seit 25 Jahren Hausmeister der DGS Amrum

vom Ministerium oder anderen Schulbehörden vor Ort gewesen ist, für das leibliche Wohl der Gäste gesorgt habe. Auch Amtsleiter Erwin Meinert rühmte die problemlose Zusammenarbeit mit dem Hausmeisterehepaar. Und für den Elternbeirat bedankte sich Barbara Kossmann.

Neben den vielfältigen schulbedingten Aufgaben ist das Ehepaar Hansen jedoch auch für zahlreiche Vereine und Organisationen auf der Insel ein Ansprechpartner. Dies machten Wolfgang Pieck und Klaus Förster deutlich, die sich im Namen der Volkshochschule Amrum und des Amrumer TSV für die tatkräftige Unterstützung bedankten. Bis in die spä-

ten Abendstunden ist oft das Wohnzimmer der Familie Hansen die Anlaufstelle für die Kursteilnehmer, die die Schlüssel für die Turnhalle, die Computerräume oder die Klassenzimmer zurückbringen, in denen allabendlich zahlreiche außerschulische Aktivitäten stattfinden.

Nicht unerwähnt blieb bei den vielen ausnahmslos sehr lustigen Grußworten auch das Engagement von Heinz-Werner Hansen in der Feuerwehr, in der er mittlerweile zum Wehrführer der Gemeinde Nebel und zum stellvertretenden Amtswehrführer aufgestiegen ist, und der Einsatz seiner Frau Gerda, die die Amrumer Trachtengruppe leitet.   - kim -

Pastor Segschneider – Abschied vom Amt

Pastor Martin Segschneider

Die alten kirchlichen Traditionen der Insel Amrum bewahren und gleichzeitig die Gemeinde zeitgerecht zu führen, diese beiden Aufgaben hat Pastor Martin Segschneider während seiner 18jährigen Amtszeit auf Amrum hervorragend vereint. Im Kreise der Kirchenmitglieder, der Inselprominenz und kirchlicher Würdenträger vom Festland wurde Segschneider am 26. September mit einem feierlichen Gottesdienst in der Nebeler St.-Clemens-Kirche offiziell in den Ruhestand verabschiedet.

Als der jetzt ausscheidende Pastor im Jahre 1975 die Nachfolge seines auf Amrum fast schon legendären Vorgängers Pörksen antrat, war der eine oder andere skeptisch, ob der »Neue« die großen Fußstapfen seines Amts-vorgängers wohl ausfüllen könne, der 40 Jahre auf Amrum sozusagen mit bischöflichem Weisungsrecht die friesischen Schäfchen seiner Gemeinde gehütet und gelenkt hatte.

Schon bald wurde den Kirchenoberen und den Gemeindemitgliedern Amrums jedoch klar, daß der »neue Pastor Segschneider ein Mann mit festen, klaren Grundsätzen war, ein Pastor, der seine eigene Meinung sagt und die Glaubwürdigkeit, die er predigt, auch selbst lebt«, wie Propst Sönke Pörksen in seiner Laudatio hervorhob.

Bevor Pastor Segschneider seine »Lebensstelle« auf Amrum antrat, war er in verschiedenen Ämtern der Landeskirche tätig, unter anderem als Religionslehrer im »fliegenden Einsatz«, für eine heutzutage kaum vorstellbare Anzahl von Klassen an unterschiedlichen Berufsschulstandorten. Von 1968 bis zum Umzug nach Amrum leitete er ein evangelisches Internat in Timmendorfer Strand.

Dieser Bezug zur Jugendarbeit war während seiner Amtszeit auf Amrum nie zu verkennen: Der Jugendposaunenchor fand seine Unterstützung, und manch erwachsener Jugendlicher erinnert sich noch an aufregende Fahrten mit Pastor Segschneider, der – selbst Vater von vier Kindern – ein offenes Ohr für die Belange der Jugend hatte. Die »Rentnerband« – zusammengesetzt aus ehemaligen Posaunenchoreleven – brachte dem ausscheidenden Pastor anläßlich der Verabschiedung deshalb auch ein Ständchen.

Neben seiner Arbeit als Gemeindeseelsorger, dem im Laufe der Jahre nicht nur viele Amrumer, sondern auch Tausende von Kurgästen gelauscht haben, prägte Segschneider zusammen mit dem Kantor der Gemeinde, Wolfgang Heldmann, ganz entscheidend die musikalischen Abendfeiern in der Kirche, welche für immer mehr Gäste zu einem festen Bestandteil ihres Amrumurlaubes geworden sind. Zusammengesetzt aus den gerade auf der Insel weilenden, musikbegeisterten Kurgästen und Insulanern wird in den Sommermonaten von einem gemischten Chor ein mitunter anspruchsvolles Repertoire eingeübt und bei den regelmäßig donnerstags stattfindenden Abendfeiern dargeboten. Nicht selten beteiligen sich auch hochkarätige Solisten an der Gestaltung der Feier.

Anknüpfend an diese musikalische Ader seines Dienstherren überreichte Kantor Wolfgang Heldmann dem scheidenden Pastor einen musikalischen »Erste-Hilfe-Koffer« mit zahlreichen Aufnahmen Amrumer Musikerlebnisse der jüngsten Zeit und bedankte sich für die freie Hand, die Segschneider ihm bei der Ausübung seines Amtes gewährt habe.

Hervorgehoben wurde von allen Festrednern die Energie, die Segschneider aufgebracht hat, um die friesische Sprache zu erlernen. »Er wollte nicht nur auf Amrum wohnen, sondern mit den Insulanern hier leben«, erinnerte Amtsvorsteher Peter Martinen, »die alte Liturgie, alte Kirchenlieder und friesische Rituale zum Beispiel bei Beerdigungen wurden von Pastor Segschneider hervorragend gepflegt.«

Aber wer nun denkt, Segschneider habe durch das Leben in der Peripherie auch ein provinzielles Denken an den Tag gelegt, wurde vom Präsidenten der Landessynode Müller eines Besseren belehrt. »Mein Amtsbruder Segschneider war ein toller Synodaler. Wenn er aufstand, um die Sache kurz und knapp auf den Punkt zu bringen, war der Saal still«, unterstrich Müller die Leistung des Amrumers in der Synodalarbeit. Auch der Rent-

Zum Abschied eine Ruhebank als Geschenk von der Kirchengemeinde. Sitzend Renate und Pastor Martin Segschneider, stehend die Kirchenältesten von links Hanna Schuldt, Uwe Hansen, Ingrid Dell-Missier, Thies Maas, Peter Paulsen und Ute Peters

meister des Rentamtes Leck war voll des Lobes über seinen Finanzexperten von der Insel und wünschte ihm und seiner Familie im neuerworbenen Haus im Nebeler Noorderstrunwai alles Gute. Anspielend auf die Arbeit von Frau Segschneider im Natur- und Inselschutz wurde das Engagement der Pastorengattin »für den Erhalt unserer Schöpfung« von allen Rednern hervorgehoben.

In seinen Abschiedsworten bedankte sich Segschneider für die gute Aufnahme auf der Insel. Gemeinsam mit seiner Frau, die Amrum bereits seit 1933 kennt, und den Kindern sei er schon mehrmals vor seiner Berufung zum Pastor der St.-Clemens-Gemeinde als Kurgast bei Kurt Flor in Norddorf gewesen. Die Familie habe deshalb gewußt, »wie schön Amrum ist«, und – als die Pastorenstelle ausgeschrieben war – einstimmig beschlossen, hier hinzuziehen. Die Arbeit als Pastor auf Amrum sei äußerst vielschichtig, meinte Segschneider. Neben Seelsorge und Predigt käme ein Netzwerk von Zusammenarbeit mit Amt, Gemeinden, Kurverwaltungen, dem Forstverband und Deich- und Sielverband hinzu. Mit dem Wunsch, daß die Amrumer der Kirche, dem neuen Pastor und dessen Frau die Treue halten mögen, verabschiedete sich Segschneider von seiner Gemeinde.

In 58 Jahren hat Amrum zwei Pastoren erlebt – in Kürze kommt der Nachfolger auf die Insel: »Die Botschafter kommen und gehen, aber die Botschaft bleibt«, meinte einer der Festredner.

Zum Abschied schenkte die Amrumer St.-Clemens-Gemeinde Pastor Martin Segschneider eine Ruhebank. - kim -

★

Martin Segschneider wurde am 14. Dezember 1928 in Rastenburg (Ostpreußen) geboren. Sein Vater war Superintendent im Kreis Ebenrode. Erst 15 Jahre alt, hatte Martin schon seine Eltern verloren, und wenig später folgte die Flucht vor der heranrückenden Front und damit auch der Verlust der Heimat. Eine neue Bleibe bot der Kreis Plön. 1949 wurde in Neumünster das Abitur gemacht, anschließend in Wuppertal und Kiel Theologie studiert. 1954 konnte das 1. theologische Examen abgelegt werden. Es folgte eine Vikarzeit im Internat Louisenlund bei Eckernförde, ein halbjähriges Oberseminar in Breklum in der Religionfakultas für Berufsschulen unter dem Missionsdirektor Pörksen, einem Bruder des Amrumer Pastors Erich Pörksen.

Nach elfjähriger Tätigkeit in Lübeck als Pastor an berufsbildenden Schulen folgte im Januar 1968 die Leitung des Bugenhagen-Internates in Timmendorfer Strand, ehe durch die Bekanntschaft mit dem damaligen Propst Henrich, Leck, die bevorstehende Vakanz der Amrumer Pfarrstelle bekannt wurde und das Ehepaar, schon seit 1954 Kurgäste auf Amrum, sich entschloß, sich um diese Stelle zu bewerben.

Pastor Segschneider hatte im Jahre 1956 Renate Möller, Tochter eines Zahnarztes in Neumünster und Realschullehrerin für Deutsch und Religion, geheiratet und mit ihr drei Söhne und eine Tochter. Renate Segschneider ist dann nicht nur die »rechte Hand« ihres Mannes gewesen, sondern hat sich als Lehrerin auch in der Amrumer Schule und im Umweltschutz engagiert. G. Q.

Amtseinführung des neuen Inselpastors Henning Kiene (Mitte) in Begleitung von Propst Sönke Pörksen (links) und Pastor Martin Segschneider

Der neue Pastor

Die Amrumer St.-Clemens-Kirchengemeinde hat einen neuen Pastor. Am Sonntag, den 28. November wurde im Rahmen eines festlichen Gottesdienstes Henning Kiene offiziell in sein Amt eingeführt. Mehr als 350 Gemeindemitglieder und Gäste waren zugegen, als Propst Sönke Pörksen als geistliches Oberhaupt des Kirchenkreises Südtondern die Einführung in der adventlich geschmückten Dorfkirche in Nebel vornahm. »Die Amrumer dürfen sich glücklich schätzen, daß sie diesen Pastor auf die Insel bekommen«, so kündigte Pörksen den 34jährigen, in Hamburg aufgewachsenen jungen Seelsorger an, der neben der Betreuung der evangelischen

Bewohner der Insel auch für die vielen Feriengäste zuständig sein wird, »die im Urlaub Zeit haben, sich zu finden«.

Als amtierender Kirchenvorstand verlas Thies Maas die Ernennungsurkunde des schleswiger Bischofs und überreichte sie dem neuen Pastor. Dieser bezog sich in seiner Antrittspredigt auf einen recht schwierigen Text aus der Offenbarung des Johannes.

Für den musikalischen Rahmen des Festgottesdienstes sorgte der Flötenkreis unter der einfühlsamen Leitung von Kantor Heldmann. Einen neuen Rekord stellte die Gemeinde auf, als mehr als 200 Gäste sich im Nebeler St.-Clement-Hüs zum anschließenden Kaffeetrinken zusammenfanden. Sogar eine Kleinkindergruppe mit Müttern aus dem Wittdüner Lenzheim fand Platz und bekundete die enge Verbindung zwischen Kirchengemeinde und dem diakonischen Werk, dem Träger der Einrichtung.

Von nah und fern waren Freunde und Wegbegleiter des neuen Pastors nach Amrum gereist, um an den Feierlichkeiten teilzunehmen. »Von Insel zu Insel« grüßte dabei der Direktor der Orthodoxen Akademie auf Kreta – Alexander Papaderos, bei dem Henning Kiene anläßlich eines Studienaufenthaltes auf Kreta studiert hatte. Abschiedsschmerz war zu spüren, als eine Delegation der Kirchengemeinde St. Marien aus Rendsburg und des »Round-Table Rendsburg« dem Pastor alles Gute auf seiner neuen Pfarrstelle wünschte. »Wenn die Amrumer Sie nicht gut behandeln, rufen wir: ›Komm zu uns, komm zu uns‹«, kündigten die Rendsburger an. Im Namen der Synode übermittelte der Synodalpräsident Müller die besten Wünsche, und ebenfalls von Insel zu Insel grüßten die Föhrer Pfarrkollegen und der Amtsbruder der katholischen Kirche.

In Vertretung des ortsabwesenden Amtsvorstehers versprach Horst Rorandt, Bürgermeister von Nebel, dem neuen Pastor alle erdenkliche Unterstützung seitens der Kommunen. »Probleme gibt es auf Amrum wahrlich genug«, meinte Rorandt und wies auf die Situation der Senioren und der Kinder und Jugendlichen hin.

»50 Jahre Tradition bürden auf Ihnen«, scherzte Amtsvorgänger Segschneider und zählte seine Amtsjahre und die von Pastor Pörksen zusammen, der ebenfalls den Feierlichkeiten beiwohnte. »Wir freuen uns auf das Zusammenleben mit Ihnen«, berichtete Segschneider.

Diesen Gedanken griff Pastor Kiene in einer Dankesrede auf und stellte einen engen Kontext zwischen Zusammenarbeiten und Zusammenleben in der Kirchengemeinde her.

- kim -

Das Jahr in der Kirchengemeinde St. Clemens

Für die St.-Clemens-Kirchengemeinde Amrum war das wichtigste Ereignis des Jahres 1993 zweifellos der Wechsel in der Pfarrstelle. Am 1. Juli ging Pastor Martin Segschneider in den Ruhestand, vertrat sich selbst jedoch bis zum 16. Oktober, dem Tag, an dem sein Nachfolger, Pastor Henning Kiene, in das Pastorat am Präästerstig einzog. 18 Jahre und 9 Monate ist Pastor Segschneider auf der Insel und auf Kirchenkreis-Ebene aktiv gewesen, seit er am 1. Februar 1975 Nachfolger von Pastor Erich Pörksen wurde. Am 26. September fand die offizielle Verabschiedung statt mit einem Festgottesdienst bei Mitwirkung der Amrumer Gesangsvereine und anschließendem Empfang im Alten Bahnhofshotel.

Am 28. November, dem 1. Sonntag im Advent, wurde Pastor Kiene in einem feierlichen Gottesdienst durch Propst Sönke Pörksen in sein Amt als Pastor der St.-Clemens-Kirchengemeinde eingeführt. Anschließend konnte das St.-Clemens-Hüs die große Schar der Gäste kaum fassen. Sogar ein griechisch-orthodoxer Bischof von Kreta war gekommen, bei dem Pastor Kiene ein Jahr lang in einem Seminar zu Gast war. Pastor Kiene ist Hamburger, verheiratet mit Renate Gerber-Kiene, der Tochter des Propstes i. R. Johannes Gerber aus Itzehoe, der durch sein Haus in Westerheide die Verbindung zu Amrum vermittelt hat.

Das Pastorat wurde, nachdem es 25 Jahre lang bewohnt war, innen gründlich renoviert und modernisiert unter der Regie von Peter Paulsen. Das war nun die letzte der großen Baumaßnahmen, die der Kirchenvorstand unter dem Vorsitz von Pastor Segschneider durchgeführt hat.

Ansonsten zeichnete sich das Jahr 1993 eher durch Mäßigung aus. Der große Schub des Vorjahres wiederholte sich nicht – und das gilt für alle Bereiche. Ereignisse, die es wohl verdient haben, festgehalten zu werden, möchte ich nun einfach aufreihen.

Am 10. *Januar* fand der Festgottesdienst statt zum 39jährigen Bestehen des Jugendposaunenchores und des Amrumer Flötenkreises. Am Freitag darauf, wie üblich, der Gemeindeabend mit Vorstellung der Anfänger, Zeichenverleihung für dreijährige Mitgliedschaft und der Dia-Bericht über die Chorfahrt. Am 18. feierte das Ehepaar Detlef und Anni Boyens aus Norddorf das Fest der diamantenen Hochzeit auf Mallorca. Am 28. waren in Wittdün der Kirchen-Baudirektor Dr. Rauterberg und der Landes-Denkmal-Pfleger Dr. Jonkanski aus Kiel, um die Kapelle zu besichtigen. Nun steht die Kapelle unter Denkmalschutz als eines der wenigen gut erhaltenen Gebäude aus der Wittdüner Gründerzeit. Das »Klüßendorf-Haus« und »Daheim« zähle ich dazu.

Am 18. *Februar* wurde in New York Fred Höfer zu Grabe getragen. Seine Frau Pauline, geborene Lorenzen, aus Nebel ist die Präsidentin des Föhr-Amrumer Frauenvereins. Am 21. wurden in einem schönen Gottesdienst alle vier Kinder des Ehepaares Lorenz Clausen und Anne geborene Dethlefsen aus Ostenfeld bzw. Nebel getauft.

Am 11. *März* entschlief in Wyk auf Föhr unsere langjährige Organistin Else (»Elschen«) Lorenzen im 93. Lebensjahr. Ihr Vater Harald war als Pensionär von 1928 bis 1934 Pastor auf Amrum.

Am 18. März starb plötzlich und für uns alle unfaßbar der erst 32jährige Sven Jensen aus Süddorf.

Am 28. März wurden ein Junge (Lennard Langfeld) und neun Mädchen konfirmiert. Es ist der seit vielen Jahren kleinste Jahrgang. Aber es geht wieder bergauf, denn 1994 werden es 17 sein.

Über die Monate *April* und *Mai* gibt es nichts Besonderes zu berichten. Der Mai nahm den Sommer vorweg, und das hatte wohl eine überdurchschnittliche Todesrate zur Folge. Im *Juni* regierte schon die Saison mit den musikalischen Abendfeiern, Kirchen- und Friedhofsführungen mit kaum weniger Gästen als im Vorjahr.

Vom 5. bis zum 12. *Juli* fuhren wir mit dem Jugend-Posaunenchor und dem Amrumer Flötenkreis in Begleitung von Rita Zemke nach Ringstedt auf Seeland in Dänemark. Am 18. hielt Pastor Kiene seine erste Predigt auf Amrum und wurde danach vom Kirchenvorstand einstimmig zum Pastor unserer Kirchengemeinde gewählt.

Am 25. *August* vollendete Pastor Pörksen sein 85. Lebensjahr. Sein Bruder Martin, der 11 Tage zuvor 90 geworden war, und dessen Sohn Sönke, seit 21. März unser Propst, waren auch versammelt im schönen Haus am Wattenmeer im Böle-Bonken-Wai.

Am 8. *September* feierte die Tochter von Pastor Arnold, Elisabeth Gotsmann aus Hamburg, in Hildesheim ihren 95. Geburtstag in guter Rüstigkeit. Ihre Schwester, Margarete Porth, wurde am 10. August in Norderstedt 92 Jahre alt. Die älteste Amrumerin ist vermutlich Caroline Matzen geb. Petersen aus Süddorf, die seit mehreren Jahren im Altersheim in Wyk lebt und am 16. August 94 Jahre alt geworden ist.

Das Wichtigste im Monat *Oktober* ist schon berichtet: der Amtsantritt von Pastor Kiene, seinem ersten Gottesdienst als hiesiger Pastor am 24. und der Zeit bis zu seiner Einführung am 28. *November*.

Zum Schluß seien noch einige hohe Geburtstage genannt, die den Lauf des Jahres auf der Insel begleitet haben.

Am 31. Januar wurde Alwine Petersen geb. Schmidt in Wittdün 90 Jahre alt, ebenso Wan-

Abschied von der Gemeinde: Hier Pastor Segschneider mit Altbürgermeister Karl-Heinrich Schult

da Jessen geb. Hadenfeldt am 31. Mai in Süddorf. Professor Jacobi »vom Mühlenberg« vollendete am 22. Juli sein 92. Lebensjahr und ihr 93. Lebensjahr Erna Eckhardt am 30. Juli und Anni Bernhard geb. Flor am 1. August in Norddorf. Ada Martinen in gewohnter Frische konnte am 5. Oktober ihren 90. Geburtstag feiern, und Erwin Paulsen wurde am 12. Oktober 87 Jahre alt in Wittdün. Betty Breckwoldt wurde am 27. Oktober 91 Jahre alt, wie einige eben erwähnte in früheren Chroniken zu finden!

Am 3. Dezember vollendete Frau A. Heyderich in Norddorf das 85. Lebensjahr, und am 20. lud Helmut (»Heike«) Martinen zum Empfang ins »Ekke Nekkepenn«, vor dem Brand Haus seiner Großmutter Henriette, anläßlich seines 80. Geburtstages. Lange Jahre war Helmut Martinen Kirchenvorsteher, zuletzt stellvertretender Vorsitzender und maßgeblich an der Durchführung aller Bauvorhaben beteiligt. Der »Dank des Vaterlandes« wurde an seinem Geburtstag von allen Rednern zum Ausdruck gebracht. Die Verdienste dieses vielseitig begabten und engagierten Mannes sollten in dieser Chronik nicht fehlen. Der Dank an Heike Martinen sei daher mein letzter Satz: »Heike, Dü beest en graten baas, föl soonk!«

Martin Segschneider, Pastor i. R.

Amrumer Leuchtturm in neuem Gewand

Zunächst sollte der Amrumer Leuchtturm nur einen neuen Anstrich erhalten. Aber als im April die Arbeit begann, wurden umfangreiche Frosteinwirkungen in der Außenhaut festgestellt, so daß zunächst rund 500 qm Mauerwerk abgeklopft und neu gedichtet werden mußten.

Den ganzen Sommer hindurch – unterbrochen nur von allerdings häufigen Schlechtwetterperioden – ging der Arbeits-Fahrstuhl am Turm auf und ab und rundum, bewegt von einer neuartigen Konstruktion an der Turmkuppel. Die sehr lohnintensiven Arbeiten – über die Kosten mag man gar nicht reden – wurden in der Regie und mit Arbeitskräften des hiesigen Wasser- und Schiffahrtsamtes durchgeführt. Erst am 28. August waren die Arbeiten mit dem lösemittelfreien Neuanstrich beendet und konnte der für Besucher während der Arbeitszeit gesperrte Turm wieder freigegeben werden.

Geändert wurde auch die Kennung des Lichtes. Die alte Blitzgruppe 3 mit den 12 Strahlen ist laut „Bekanntmachung für Seefahrer" am 22. Oktober 1993 umgeändert worden und hat jetzt 16 Strahlen mit je einer Sekunde Licht und einer Dunkelphase von 6,5 sec.

Der Amrumer Leuchtturm hat aber noch ein weiteres Merkmal erhalten. Oben am Gitter der Kuppel wurde durch die Fa. Telekom eine Antenne für das neue D1-Netz (Telefon) angebracht. Damit soll eine deutliche Verbesserung der Reichweite im Seefunkverkehr erzielt werden.   G. Q.

Der Leuchtturm wird renoviert

Durch eine Spezialkonstruktion läßt sich der Arbeitskorb ohne großen Aufwand auf und nieder sowie rund um das Leuchtturmgemäuer bewegen

In luftiger Höhe beim Leuchtturmanstrich

50 Jahre LVA an der »Satteldüne«

Die Bekämpfung der Volksseuche Tbc war jahrzehntelang Aufgabe von Lungenheilanstalten, die an entlegenen Standorten auf dem Land fernab jeglicher »Zivilisation« eingerichtet wurden. Sogar für Kinder gab es in Schleswig-Holstein solch eine Einrichtung: man schickte sie nach Amrum »auf die Satteldüne«. Anfang der sechziger Jahre sorgte der Siegeszug des Penicillins für die Ausrottung der Tbc, trotzdem ist die Satteldüne auch heute noch eine weit über die Grenzen Schleswig-Holsteins bekannte Fachklinik, in der ganzjährig Kinder und Jugendliche von hochspezialisiertem Fachpersonal behandelt werden. Sechs Ärzte, 35 Kinderkrankenschwestern und ebensoviele Erzieher, vier Sportlehrer, Diplompsychologen sowie die Mitarbeiter einer großen Physiotherapieabteilung kümmern sich um 165 Patienten.

Asthma, Hautkrankheiten und Mukoviszidose – eine bis vor wenigen Jahren tödlich verlaufende Stoffwechselkrankheit – sind die Haupt-Indikationen, mit denen heute die jungen Patienten von Krankenkassen und Rentenversicherungen nach Amrum geschickt werden.

Seit 1943 befindet sich das Haus in der Trägerschaft der LVA Schleswig-Holstein. »50 Jahre LVA-Satteldüne«, ein Jubiläum, das gefeiert werden mußte. Sozialministerin Heide Moser, Vertreter zahlreicher Kinderkliniken sowie Prominenz aus den Reihen der Krankenkassen und Rentenversicherer waren aus diesem Grunde nach Amrum gereist.

Aus Anlaß dieses Jubiläums ließ der neue »Erste Direktor der LVA«, Hartmut Wegener, im Rahmen eines Festaktes die Stationen der Klinik Revue passieren. Bereits 1926 wurden hier Heilverfahren für tuberkulose kranke Kinder durchgeführt, nachdem das ehemalige, 1891 errichtete Hotel als Kindererholungsheim eingerichtet worden war. (Siehe auch Chronik 1986).

Die 300 Betten der Heilstätte wurden damals vorwiegend durch an Lungen- und Knochentuberkulose erkrankte Kinder belegt, die bis zu drei Jahre auf Amrum lagen. Nach dem Sieg über die Tbc galt es in den siebziger Jahren, den Bestand des Hauses zu sichern. Dank des unermüdlichen Einsatzes des damaligen Direktors Dr. Bluhm gelang es, den Gesetzgeber davon zu überzeugen, daß Kinderrehabilitationsmaßnahmen weiterhin in der Hand der Rentenversicherer bleiben. Der Durchbruch in Bonn wurde im Mai 1981 erzielt. Das war zugleich der Startschuß zur längst überfälligen Modernisierung der Kinderfachklinik Satteldüne. Die LVA investierte 32 Millionen Mark in einen Neubau, der zwischen 1983 und 1987 in drei Phasen verwirklicht wurde. Zunächst wurde das Medizinische Zentrum umgebaut, anschließend ein neues Bettenhaus errichtet und Personalunterkünfte für Mitarbeiter erstellt.

Die Satteldüne zählt zu einem Schmuckstück der LVA, erklärte der LVA-Geschäftsführer und hob die besondere, kindgerechte Atmosphäre und landschaftsgerechte Architektur der Einrichtung hervor, die inzwischen zum Vorzeigeobjekt des Rentenversicherungsträgers geworden sei. Die Kinderfachklinik Satteldüne ist bekanntlich der größte Arbeitgeber auf Amrum und hat eine erhebliche strukturpolitische Bedeutung. Vom gesamten Jahreshaushalt in Höhe von etwa 12 Millionen Mark werden über 8 Millionen Mark für Personalkosten aufgebracht.

147 Beschäftigte betreuen hier regelmäßig 165 Patienten für einen täglichen Pflegesatz in Höhe von z. Zt. 207 DM. Die Belegungsquote lag in den letzten Jahren stets über 100 %. Alles in allem eine positive Bilanz, die die wirtschaftliche Bedeutung der Kinderfachklinik für die Nordseeinsel Amrum bestätigt.

»Heute ist die Satteldüne ein besonders lebendiges Haus, in dem trotz der schweren

Sozialministerin Heide Moser im Gespräch mit Klinikchef Dr. Kiosz (links) und LVA-Vorstandsmitglied Hugo Schütt

Schicksale der hier behandelten Kinder eine fröhliche Atmosphäre herrscht«.

Für die Rentenversicherungträger sei es ein Akt der Solidarität zwischen den Generationen, wenn für junge Bürger Leistungen erbracht werden, die selbst noch gar nicht Mitglied in der Rentenversicherung seien, deren künftige Erwerbsfähigkeit es aber zu sichern gelte.

»Die Kinder zahlen keine Versicherungsbeiträge, trotzdem haben wir es über viele Rentenreformen hinweg geschafft, Kinderkuren als besondere Aufgaben der Rentenversicherungsträger zu erhalten.« Mit diesen Worten würdigte Schleswig-Holsteins Sozialministerin Heide Moser die »wahrhaft segensreiche Arbeit in dieser Einrichtung, die in der BRD ihresgleichen sucht«. Daß die LVA hier eine

wichtige familien- und gesundheitspolitische Aufgabe erfülle, sei von großem Wert. Besonders hob die Ministerin die zunehmenden Gefahren für die kindliche Gesundheit durch negative Einflüsse einer belasteten Umwelt und einer gesundheitsschädlichen Lebensführung hervor. Auch die Mitaufnahme von Begleitpersonen, sei familien- und gesundheitspolitisch von enormer Bedeutung. Dies habe die engagierte Klinikleitung frühzeitig erkannt, was sich auch in dem kontinuierlichen Anstieg der Zahl der Begleitpersonen widerspiegele. Während 1985 nur 82 Eltern ihre Kleinkinder begleiteten, waren es im vergangenen Jahr bereits 225, die in intensiven Gesundheitsschulungsprogrammen auf die Fortsetzung der Therapie am Heimatort vorbereitet werden.

Modernste Medizintechnik und die besonders enge Zusammenarbeit mit der Kieler Universität und Spezialinstituten mache heute den guten Ruf der Klinik aus, die zu einem »Mekka der Atempsychologen« geworden sei und auf sportwissenschaftlichem Gebiet auch in der Wissenschaft beachtete Resultate erziele, hob Prof. Tolksdorf von der Kieler Unikinderklinik hervor. Die Kooperation klappe, sowohl was die Behandlung der kleinen Patienten als auch die wissenschaftliche Begleitung betreffe. Zahlreiche Doktorarbeiten seien auf Amrum unter der Leitung von Dr. Kiosz, dem Klinikchef, entstanden.

Natürlich wird die Bedeutung der Klinik nicht nur in »Deutschland« erkannt, sondern auch von den Amrumern. Im Namen aller drei Kommunen der Insel bedankte sich Amtsvorsteher Peter Martinen insbesondere beim inzwischen pensionierten Geschäftsführer Dr. Gerhard Blum für dessen Engagement zum Erhalt der Klinik. Nur seinem Verhandlungsgeschick sei es zu verdanken, daß es 1982 zur legendären »Lex Satteldüne« gekommen sei, die den Bestand der Klinik gesichert habe und vielen Amrumern den Arbeitsplatz garantiert habe.

– kim –

DRK mit neuem Vorstand

Der Ortsverband des Amrumer Roten Kreuzes hat einen neuen Vorstand: Auf einer außerordentlichen Mitgliederversammlung am 24. April im Nebeler »Bahnhofshotel« wählten die Mitglieder Erwin Meinert zum neuen Vorsitzenden. Er tritt damit die Nachfolge von Regina Butrico-Hansen an, die Anfang des Jahres zurückgetreten war. Den Posten der zweiten Vorsitzenden übernimmt die Wittdüner Ärztin Dr. Doris Müller. Frau Dr. Müller ist dem Roten Kreuz eng verbunden, da sie seit geraumer Zeit das Mutter-Kind-Heim des Landesverbandes an der Wittdüner Hauptstraße medizinisch betreut und durch ihre Tätigkeit als Ärztin auf der Insel die Probleme der älteren Generation aus eigener Erfahrung gut kennt. Auch die Funktion des Schriftführers wurde mit Gerd Huke neu besetzt.
Um in der schwierigen Phase des Aufbaus der geplanten Sozialstation auch den Rückhalt bei den politischen Gremien der Insel zu erhalten, wurde der Vorstand um vier Beisitzer erweitert, und zwar um den Amtsvorsteher und die drei Bürgermeister Amrums.

Mit diesen Wahlentscheidungen konnte der Fortbestand des Ortsverbandes gesichert werden, und die Mitglieder umschifften eine der gefährlichsten Klippen in der Verbandsgeschichte. Nachdem auf der Jahreshauptversammlung im letzten Monat kein handlungsfähiger Vorstand gewählt werden konnte, da sich niemand für die Übernahme der vakanten Positionen zur Verfügung stellte, sind jetzt die Weichen für eine produktive Arbeit des Roten Kreuzes auf Amrum neu gestellt worden. Wie bereits berichtet, wurden von den zurückgetretenen Vorstandsmitgliedern vor allem beklagt, daß der Rückhalt in der Bevölkerung für die Einrichtung einer Sozialstation mit Pflegebetten nicht besteht. Gerade von Ur-Amrumern war nach Aussage der zurückgetretenen Vorsitzenden Regina Butrico-Hansen die Notwendigkeit einer Pflegestation für die Versorgung der älteren Bürger vor Ort bestritten worden. Die ganze Angelegenheit eskalierte, als dann im Februar die beiden Gemeindeschwestern ihre Kündigungen einreichten und die Gemeindekrankenpflege zusammenzubrechen drohte.

Der Vorstand des Ortsverbandes stellte im Anschluß an die öffentliche Sitzung eine neue Gemeindekrankenschwester und eine Altenkrankenpflegerin ein, so daß bei der Versorgung der Bevölkerung nach Aussage des Vorsitzenden Erwin Meinert keine Lücke entstehen wird.

Zur Erleichterung aller ist die Unterbringung dieses neu eingestellten Personals mittlerweile geregelt. Wie bereits berichtet, bereitete das Wohnungsproblem dem Ortsverband die größte Sorge. »Um so dankbarer ist das Rote Kreuz«, so Erwin Meinert, »daß die Süddorfer Bürgerin Thea Koops ihr Haus ›Edelbrouk‹ für soziale Zwecke bereitgestellt hat und auf einen gewinnbringenden Verkauf des Anwesens zum jetzigen Zeitpunkt verzichtet hat.« Die Gemeinde Nebel wird das Haus pachten und für die Unterbringung der Schwestern zur Verfügung stellen.

Als positiv bezeichnete Amtsvorsteher Peter Martinen die Mitteilung aus Husum, daß die Sozialstation in abgespeckter Form – mit acht anstatt der ursprünglich geplanten zwölf Pflegebetten – nun endlich gebaut wird. Es reiche aber nicht, daß die Insel mit Millionenaufwand eine Einrichtung schaffe, wenn die Insulaner nicht mit Leib und Seele dahinterstehen. »Letzten Endes geht es um Amrumer Schicksale und Menschen, die sonst aus ihrer heimatlichen Umgebung gerissen werden müßten«, erinnerte Peter Martinen.   - kim -

Die neuen Gemeindeschwestern Barbara Hermenau (links) und Gundel Quedens

AYC im neuen Clubhaus

Das Jahr 1993 begann für die Mitglieder des Amrumer Yacht Clubs recht arbeitsreich, weil man sich nach der Zustimmung des Landes- und Kreissportverbandes aktiv am Bau des Clubhauses beteiligte. So wurde beim neuen Clubhaus fast alles in Eigenleistung erstellt, und manch Feierabend und Wochenende wurde zum »Arbeitsdienst beim AYC« umfunktioniert. Die Damen des Vereins unterstützen dabei ihre Männer mit Kaffee und selbstgebackenen Kuchen, damit deren Arbeitsleistung erhalten blieb.

Mühe und Schweiß haben sich gelohnt: Der AYC hat, dank der Tatkraft seiner Mitglieder, jetzt ein Clubhaus, das sich sehenlassen kann und mit seinen Sanitäranlagen auch der Sportboothafenverordnung mehr als genügt.

Am Freitag, den 28. Mai 1993, war es dann endlich soweit: es konnte Einweihung gefeiert werden. Leider spielte das Wetter nicht mit: Es stürmte und regnete, so daß die Feier in der Bootshalle abgehalten werden mußte. Das tat der Stimmung natürlich keinen Abbruch, und es wurde vom 1. und dem 2. Vorsitzenden bei Kaffee und Kuchen mit launigen Reden und Döntjes noch einmal der Weg zum neuen Seglerheim aufgezeigt. Architekt und AYC-Mitglied Heiko Sörensen überreichte dem 1. Vorsitzenden Peter Paulsen den symbolischen Schlüssel, der diesen an den Pächter und neuen Hafenmeister Jan Bertelsen weiterreichte.

Ehrenmitglied und guter alte, zuverlässiger Hafenmeister Karl Claußen war Ende Febru-

Mit seinen Giebelfronten und der Holzverkleidung paßt sich das Klubhaus des AYC der Landschaft am Seezeichenhafen wohltuend an

Der Vorsitzende des AYC, Peter Paulsen, freut sich über das neue Clubhaus

...ar zu seiner letzten Reise angetreten. Den Kampf gegen das Meer hatte er immer gewonnen, den gegen seine Krankheit nicht. Der Amrumer Yacht Club schuldet ihm sehr viel. Wir werden »Kalli« nicht vergessen.

Am 23. 4. 1993 fand die wie immer gut besuchte Jahreshauptversammlung statt. Besonderen Beifall gab es für Peter Paulsen, als er verkündete, daß der AYC sich noch extra bei seinen »Clubhausbauarbeitern« mit einem Essen bedanken wolle.

Am 8. Mai kamen dann die Boote zu Wasser, und angesegelt wurde am 22. 5. 93 nach Föhr. In der Bootshalle der Wyker Sportkameraden wartete ein gemeinsames Spanferkelessen.

Die AYC-Regatta fand am 19. Juni 1993 statt. Bei gutem Wetter und Wind um 3 Beaufort gingen insgesamt 24 Schiffe an den Start. Überlegener Gewinner war dieses Jahr Sönke Jessen, der mit seinem Boot »Finja« alle Preise abräumte. Die Regattaleitung lag wie in jedem Jahr in den bewährten Händen von Jan von der Weppen, und auch der schöne Regattaball am Abend nach den Wettkämpfen wurde wie immer von Gesa Jensen organisiert.

Jan Bertelsen und seine Frau kündigten ihren Pachtvertrag mit dem Amrumer Yacht Club zum Ende August 93, da beide festgestellt hatten, daß sie wohl doch nicht zum/zur Clubhauswirt/-wirtin geboren waren. Hans Hermann Autzen wurde dann vom Vorstand des AYC zum neuen Clubhauspächter und Hafenmeister unter den Bewerbern als Nachfolger ausgewählt.

Die letzte sportliche Aktivität fand am 17. 12. 1993 statt, als der Vorstand sein Versprechen einlöste, für die aktiven Helfer, die so eifrig beim Bau des Clubhauses mitgeholfen hatten, ein Essen zu geben. So wurde dann im Bahnhofshotel in Nebel mit Messer und Gabel gegen die schlanke Linie gekämpft und die Kalorien, die man im Frühjahr in den Clubhausbau gesteckt hatte, locker wieder an den Mann/die Frau gebracht. Anschließend wurde ein Videofilm von Wolfgang Paul über den Bau des Clubhauses gezeigt, in dem man noch einmal sehen konnte, mit welchem Einsatz die Mitglieder für ihren Amrumer Yacht Club tätig waren.   – L –

Jürgen Jungclaus vor dem neuen Zollbüro im AYC-Clubhaus am Seezeichenhafen

Ein neues Zollbüro am Seezeichenhafen

Nachdem der Amrumer Zoll jahrelang am Seezeichenhafen in einem Gebäude gehaust hatte, das eher einer Bedürfnisanstalt glich, konnte Anfang Juni der Umzug in das zwar kleine, aber gediegene Büro im neuen Clubhaus des Amrumer Yachtclubs erfolgen. Zu diesem Zweck war eigens Ministerialdirektor Dr. Schmutzer als »oberster Zöllner« der Bundesrepublik angereist, um dem Zollhauptsekretär Jürgen Jungclaus der Grenzaufsichtsstelle Wittdün symbolisch den Schlüssel für die neuen Diensträume zu überreichen. An der Einweihungsfeier nahmen auch Ministerialrat Schneider als Vertreter des Bundesfinanzministeriums sowie Vertreter des Hauptzollamtes Itzehoe teil.

Im Gegensatz zu dem bisherigen, Ende der 1970er Jahre erbauten Zollschuppen, ist das neue Büro nach »menschlichem Ermessen« sturmflutsicher. Die jeweiligen Sturmflutstände im ehemaligen Schuppen, die an Mauern und Mobiliar immer wieder ihre Spuren hinterließen, sind von Jürgen Jungclaus genau markiert und sollten mangels anderer öffentlich sichtbarer Marken in der einen oder anderen Form bewahrt bleiben, auch wenn der kleine Schuppen demnächst verschwindet.

G. Q.

TSV Amrum – ein aktiver Verein

640 Mitglieder zählt der TSV Amrum inzwischen, so viele wie noch nie in der Geschichte des Vereins. Das bedeutet, daß praktisch jeder dritte ständige Einwohner Amrums Mitglied des TSV ist. Noch imposanter ist die Zahl der Kinder und Jugendlichen: Fast 80 % von ihnen sind im TSV organisiert. Diese positive Bilanz konnte TSV-Vorsitzender Klaus Förster auf der Jahreshauptversammlung vorlegen. Er machte deutlich, wie wichtig gerade in Zeiten wachsender Aggressionen eine sinnvolle Beschäftigung ist, wie sie der Sport darstellt. Dafür reicht das Angebot von A wie Anfängerschwimmen bis Z wie Zivi-Sport. Überschattet wurde dieses positive Ergebnis allerdings durch die Tatsache, daß erstmals nach sieben Jahren die Beiträge angehoben werden mußten. Mit einem Jahresbeitrag in Höhe von 60,– DM für Einzelmitglieder bzw. 150,– DM für Familien bewegen sich die Aufwendungen im Vergleich zu anderen Vereinen aber dennoch an der unteren Grenze, und dies auch nur deshalb, weil Übungsleiter auf die ihnen zustehenden Gelder verzichten und andererseits großzügige Sponsoren den Sport unterstützen. Letztendlich machen aber die Streichung der Kreiszuschüsse und die gestiegenen Kosten durch vermehrte Reisekosten, Startgelder, Verbandsbeiträge etc. eine Beitragserhöhung unumgänglich.

Zum ersten Mal gab es auch eine Art »Sportler des Jahres«-Wahl. Ausgezeichnet wurden die Volleyballspieler(innen) Frauke Motzke, Grit Künkel und Matthias Claußen, die allesamt Landesauswahlspieler(innen) sind, ferner Schachabteilungschef Peter Lippmann insbesondere für seine hervorragenden organisatorischen Leistungen, außerdem Volleyballtrainerin Ulrike Förster, mit deren Namen der Aufstieg der Volleyballabteilung in die Leistungsklassen unverkennbar verbunden ist. Mannschaft des Jahres wurden die Tischtennisspieler, die den Aufstieg in die 1. Kreisklasse souverän schafften. Außerdem wurden Sebastian Kruggel und »Speedy« Diedrichsen für ihr ehrenamtliches Engagement geehrt.

Bei den Vorstandswahlen gab es keine Veränderungen. Klaus Förster bleibt 1., Harald Lemcke 2. Vorsitzender und Ulrike Förster Sportwartin. Die Ämter des Kassenwartes sowie des Schriftführers standen nicht zur Disposition.

Lehrgeld zahlten in ihrem ersten Jahr im Ligabetrieb die Tennisspieler. Sie mußten sich am Ende in der Kreisliga Nordfriesland mit dem vorletzten und somit Abstiegsplatz zufrieden geben, was allerdings auch den allgemeinen Erwartungen entsprach. Letztendlich konnte der Abstieg sogar durch die Neuordnung der Ligen auf Kreisebene verhindert werden.

Die Tischtennisspieler wurden mit 35:5 Punkten Meister der 2. Kreisklasse und stiegen in die 1. Kreisklasse auf. Mit wichtigen Verstärkungen ist man hier schon wieder auf Meisterkurs, was letztendlich den Aufstieg in die Kreisliga bedeuten kann. Selbst »Oldie« Wolfgang Isemann, der der Mannschaft inzwischen nicht mehr als Aktiver angehört, zeigte dennoch, welcher Ausnahmekönner er immer noch ist: Er wurde Vizemeister auf Kreisebene in seiner Altersklasse.

Tolle Erfolge erzielten auch die Volleyballspieler(innen). Die weibliche und die männliche C-Jugend wurden jeweils Vierte bei den Landesmeisterschaften. Hier wurde darüber hinaus Grit Künkel als beste Zuspielerin ausgezeichnet. Einen jeweils sechsten Platz erkämpfte sich die weibliche A-Jugend und die männliche B-Jugend. Die beste Plazierung erreichte die weibliche B-Jugend mit einem hervorragenden dritten Platz, und last, but not least wurde die weibliche D-Jugend Vierte. In der Vereinspunktwertung aller Landesmeisterschaftsergebnisse der zehn Jugendkategorien belegte der TSV Amrum den herausragenden vierten Platz in Schleswig-Holstein.

Die Schachabteilung war nicht ganz so erfolgreich. Sie belegte in der Bezirksklasse nur einen hinteren Platz. Die Spieler um Peter Lippmann schauen aber hoffnungsvoll in die Zukunft, weil einige Akteure noch im Jugendalter und bei weiterhin guten Übungsleistungen durchaus entwicklungsfähig sind. Im übrigen liegt eine der Stärken der Abteilung in der Organisation von überregionalen Turnieren. So wurden bereits zum zweiten Male die Bezirks-Blitzschach-Mannschaftsmeisterschaften mit großem Erfolg auf Amrum durchgeführt, was auch beim Deutschen Schachbund mit Aufmerksamkeit registriert wurde.

Ohne Punktrunde, aber seit Jahren mit großen Erfolgen, warten die Fußballspieler des TSV Amrum auf. Auch wenn einige Akteure inzwischen ein gesetzteres Alter erreicht haben, ist der Wille zum Erfolg weiterhin ungebrochen. Das mußte auch die Altliga-Prominentenelf des FC St. Pauli Hamburg erfahren, die beim Saisonhöhepunkt der Amrumer

Fußballer schon sensationell mit 2:4 zurücklag, ehe es am Ende noch mit Ach und Krach zum knappen 5:4-Sieg reichte. Aber auch darüber hinaus können sich die Erfolge sehenlassen. Bei drei Hallenturnieren gab es einen ersten, einen zweiten und einen dritten Platz. Im »Mühlenstadion« wurde außer dem erwähnten Spiel gegen den FC St. Pauli kein Match verloren und dabei ein Torverhältnis von 65:12 erreicht. Ein weiterer Höhepunkt war der Kurztrip nach Edinburgh, der schon traditionell den Jahresabschluß bildet. Torschützenkönig wurde – wie sollte es auch anders sein – einmal mehr Reinhard Jannen mit 28 Toren.

Der TSV Amrum ist außerdem dabei, sein Programm zu erweitern. So sollen eine Laufgruppe und eine Damen-Fußballmannschaft ins Leben gerufen werden. Im Programm befinden sich bereits außer den oben erwähnten Abteilungen: Fußball für Kinder und Jugendliche, Damen-Fitneßtraining, Badminton für Erwachsene, Tischtennis für Kinder und Jugendliche sowie Sport für Mutter/Vater-Kind.

T. H.

30 000 Besucher in der Mühle

Die Amrumer Mühle mit dem kleinen angeschlossenen Heimatmuseum ist eine Fremdenverkehrsattraktion par excellence. Welche Kleinarbeit hinter den Kulissen zum Erfolg dieser Einrichtung beiträgt, wird alljährlich bei der Jahreshauptversammlung des Mühlenvereins deutlich.

In seinem Jahresbericht konnte der Vorsitzende Hark Thomsen den circa 40 anwesenden Vereinsmitgliedern im Nebeler »Bahnhofshotel« die erfreuliche Mitteilung machen, daß im abgelaufenen Jahr wiederum fast 30 000 Besucher gezählt werden konnten – ein Beweis für die Anziehungskraft dieser voll funktionsfähigen Windmühle.

Unverändert seit 1964 beträgt der Eintrittspreis für Erwachsene eine Mark und für Kinder 50 Pfennige, was sicherlich ein seltenes Beispiel für Preisstabilität ist. Auch im laufenden Jahr soll an der Preisschraube nicht gedreht werden, weil es dafür, wie der Kassenbericht von Raimund Neumann zeigte, keinerlei Notwendigkeit gibt. Mit Einnahmen und Ausgaben von jeweils rund 90 000 Mark sei der Haushalt des Mühlenvereins ausgeglichen. Die beträchtlichen Reparaturkosten für die Instandsetzung und Erneuerung des roten Flügels in Höhe von 19 000 Mark hätten aus Mitglieds- und Spendengeldern finanziert werden können, wobei ein

Die Mühlenflügel werden neu gestrichen. Die Instandhaltung der Mühle fordert jährlich laufende Ausgaben

Zuschuß vom Kreis Nordfriesland, für den sich Amtsvorsteher Peter Martinen stark gemacht habe, äußerst hilfreich gewesen sei.

Die Personal- und Sachkosten im Museumsteil werden voll aus den Einnahmen aus den Eintrittsgeldern gedeckt, so daß das Museum sich selbst trägt und nicht dem Verein »auf der Tasche liegt«. Nachdem die Flügelreparatur jetzt glücklich abgeschlossen sei, so Hark Thomsen zum Abschluß seines Geschäftsberichtes, stehe für 1993 eine größere Maß-

nahme an der Windrose ins Haus, außerdem werde die Erneuerung der Eingangstür »fällig«.

Einen ersten Vorgeschmack auf die Gemäldeausstellung in diesem Sommer gab Martin Pörksen, der die beiden Ausstellungsplakate 1993 der Künstlerinnen Almut Büsing und Inge Thormann präsentierte. Auch verwies er darauf, daß in der Mühle eine Ausstellung des Fotografen Hans Heindorff zu sehen sei.

– kim –

Amrumer Schützenverein

Der gesellschaftliche Höhepunkt des Schützenvereins ist der »Königsball« mit Proklamation des neuen Majestätenpaares am ersten Wochenende im März, nachdem eine Woche vorher das Königsschießen stattgefunden hat und es nun für den kleinen Kreis der Auswerter darauf ankommt, eine Woche lang das Geheimnis der neuen Würdenträger zu bewahren. Diesmal waren es Lita Teicher und Wolfgang Tiks. Wie üblich, wurde der »Königsball« im Bahnhofshotel wieder ein voller Erfolg. Anwesend waren – neben insularer Prominenz – Abordnungen der Schützenvereine von Pinneberg, Hannover, Elmshorn und Glückstadt. Schon am Vormittag des 6. März hatte der Schützenverein durch Umzüge eines Spielmannszuges mit Fahnenabordnungen der Feuerwehr auf sich aufmerksam gemacht. Traditionell fand das Festival dann am Sonntagmorgen mit einem Frühschoppen seinen Abschluß.

Vom Frühjahr bis zum Herbst fanden im »Schützenheim« in Nebel fast alle 14 Tage Schießen für Kurgäste und jedermann statt, so daß der Schützenverein auch im sommerlichen Veranstaltungsleben seine Rolle spielte. Preise und Pokale wurden vergeben und die gemütliche Stimmung im Vereinsheim durch die Amrumer Akkordeongruppe unterstützt. Vereinsabende mit Scheibenschießen an jedem Dienstag und Pokalschießen zweimal im Monat rundeten das Programm des Jahres ab. Am Jahresende stand wie üblich eine gemütliche Weihnachtsfeier und das anschließende »Schweineschießen« auf dem Veranstaltungsplan.

Einen besonderen Erfolg konnte der Amrumer Schützenverein 1993 durch Lita Teicher erzielen. Die Schützenkönigin des Jahres errang die Landesmeisterschaft von Schleswig-Holstein in der Altersklasse Damen, aufliegend, wobei die Meisterin 300 von 300 möglichen Ringen erreichte. Bei einem Grillfest im Nebeler Schützenheim wurde Lita Teicher mit einer Ehrenurkunde durch Amtsvorsteher Peter Martinen geehrt, während der Vorsitzende des Schützenvereines, Peter Zöllner, darauf hinwies, daß dieser Erfolg Ansporn auch für andere Vereinsmitglieder sei.

Gratulation für das neue »Königspaar« Wolfgang Tiks und Lita Teicher

Sportfischer in Aktion

Der Sportfischerverein Amrum zählt zwar nur 55 aktive und 16 passive Mitglieder, zeichnet sich aber im Laufe des Jahres durch eine Vielzahl von Aktivitäten aus, in die auch Kurgäste mit einbezogen werden. Der Jahresbericht beginnt mit der Jahreshauptversammlung am 26. Februar, auf der langjährige Mitglieder geehrt, Regularien beschlossen und ein Veranstaltungsprogramm aufgestellt wurden.

Beim Lehrgang vom 13.–28. Februar nahmen 12 Mitglieder teil, die alle die Fischereiprüfung bestanden. Das für den 20. März terminierte Jahresfest mußte allerdings wegen Mangel an Beteiligung abgesagt werden. Statt dessen gab es am 18. Mai ein gemütliches Beisammensein mit Ehrung der Vereinsmeister 1992. Den 1. Platz errang Heinz-Werner Hansen. Vizemeister wurden Peter Jensen und Günther Malassa, Jugendvereinsmeister Christfried Autzen. Zwei Tage später erfolgte das Anangeln um den Wanderpokal, den Uwe Struck gewann.

Im Laufe der Sommermonate standen Meeresangeln mit den Anglerfreunden von Föhr sowie fünfmal Brandungsangeln am Kniepsand für Kurgäste und Vereinsmitglieder auf dem Programm. Ebenso waren die Amrumer Sportfischer am 17. Juli wieder mit einem vielbesuchten Stand auf dem »Dorffest« in Nebel vertreten. Mit dem Nachtangeln am 28. August und dem Abangeln am 19. September sowie zweimaligem Brandungsangeln am 14. und 28. November klang die Saison aus.

Amrums Angler sind dem Naturschutz verbunden. Am Angelteich nahe der Wittdüner Vogelkoje wird erst nach der Brutzeit, ab 1. August, geangelt. Hier werden Schleie und Karpfen gefangen, deren Bestand sich ohne zwischenzeitlichen Neubesatz gut hält. Leider mußte hier auch Fischwilderei in Form heimlich eingesetzter Reusen registriert werden,

Angeln am Inselstrand – auch bei Kurgästen beliebt

wobei es dem Täter offensichtlich um Aale ging, die über die Gotel vom Watt hereinoder aus dem Vogelkojenteich zurückwandern.

Im Rahmen der Veranstaltungen wird aber fast ausschließlich am Kniepsand geangelt. Hier gehen vor allem Plattfische an die Haken, selten mal ein Aal. Beim Angeln am Amrumer Strand wurden in den Jahren nach der Seehundsseuche (1988) die größten Fänge gemacht, während die Ergebnisse der letzten Jahre rückläufig sind. Möglicherweise gibt es hier einen unmittelbaren Zusammenhang mit der Menge der Seehunde und Kegelrobben auf den vorgelagerten Seesänden. Angler haben beobachtet, daß der Anbiß schlagartig aufhört, sobald Seehunde in Strandnähe auftauchen. G. Q.

Der Reitsport spielt auf Amrum eine große Rolle. Im Sommerhalbjahr veranstalten die Reitervereine Ringreiten für jung und alt

Die Amrumer Feuerwehr 1993

Im Berichtsjahr 1993 blieben die Inselwehren von größeren Einsätzen verschont. Nur drei Brände, am 4. 1. bei der Firma Amrum-Bau im Gewerbegebiet, am 22. 2. auf der Bauschuttdeponie und am 28. 5. auf einer Freifläche am Sportplatz Nebel erforderten entsprechende Maßnahmen. Zusätzlich wurde die Feuerwehr zweimal zur Ölbeseitigung, 26mal zu Sicherheitswachen, 27mal zu technischen Hilfeleistungen und 13mal zu sonstiger Hilfe gerufen. Insgesamt wurden 311 Fahrzeugeinsätze registriert, wobei 3422 km zu fahren waren. Bei insgesamt 59 Hubschrauberlandungen wurde die Brandschutzsicherung übernommen. Die Amtswehrübung am 9. November verlief reibungslos und unterstrich den guten Ausbildungsstand der Kameraden. Das Haushaltsvolumen des Amtes und der drei amtsangehörigen Gemeinden betrug im Verwaltungshaushalt 8 113 000 DM und im Vermögenshaushalt 1 925 000 DM. Die Eigenbetriebe des Amtes und der Gemeinden hatten ein Haushaltsvolumen im Erfolgsplan von 8 971 000 DM und im Vermögensplan von 2 004 000 DM. Im Abschnitt 13 der Haushaltspläne wurden für die Aufgaben des

Mit dem traditionellen Umzug, voran die Amrumer Blaskapelle, begann das Stiftungsfest der Feuerwehr Nebel und Süddorf-Steenodde

Feuerlöschwesens 66 300 DM im Verwaltungshaushalt und 5000 DM im Vermögenshaushalt zur Verfügung gestellt.

Organisation und Ausrüstung haben sich gegenüber dem Vorjahre nur unwesentlich verändert.

1993 taten 152 Männer Dienst in den Inselwehren. Die Jugendfeuerwehr zählte 8 Mitglieder. Amtswehrführer ist unverändert Hauptbrandmeister Peter Martinen, sein Stellvertreter HBM Heinz-Werner Hansen. Letzterer ist auch Gemeindewehrführer von Nebel, sein Stellvertreter OBM Henry Waidhas. Beide sind zugleich auch Ortswehrführer in Nebel und Süddorf mit den Stellvertretern Wolfgang Grothe bzw. Knud Martinen.

In Norddorf steht OBM Klaus Düsterhöft als Gemeindewehrführer an der Spitze. BM John Willuhn ist hier Stellvertreter. Gemeindewehrführer von Wittdün ist OBM Jens Flor, Stellvertreter BM Ocke Schmidt. Als Fachwart für den Atemschutz zeichnet LM Wolfgang Pieck, als Fachwart für die Ausbildung BM John Willuhn und als Jugendfeuerwehrwart HFM Andreas Knauer.

Wie in den vorherigen Jahren beteiligten sich die Feuerwehren wieder rege am gesellschaftlichen Inselleben. Drei Feuerwehrbälle, mehrere Kameradschaftsabende mit Frauen, Grillfeste und Beteiligungen an Dorffesten wurden organisiert. Bei allen Aktivitäten in 1993 waren keine Unfälle zu verzeichnen.   G. Q.

Raiba Amrum – auch 1992 ein guter Gewinn

Von einer guten, teilweise sogar überdurchschnittlichen Geschäftsentwicklung der Raiffeisenbank Amrum im Jahr 1992 und auch im zu Ende gehenden Jahr 1993 konnten die Geschäftsführer Gerhard Schwarz und Hark Gereke rund 130 Mitgliedern berichten. Unter Leitung des Aufsichtsratsvorsitzenden Thies Maas ging die Generalversammlung, auf der Gereke noch einmal die Diskussion um das Für und Wider von Erdgas zur Sprache brachte, im Nebeler »Bahnhofshotel« über die Bühne.

Schwarz, der den Geschäftsbericht für 1992 vorlegte, führte laut Pressemitteilung der Raiffeisenbank unter anderem aus, daß die Bilanzsumme knapp 63 Millionen Mark und das Geschäftsvolumen rund 65 Millionen Mark betragen habe. Die gesamten Forderungen an die Kunden hätten eine Summe von rund 47 Millionen ausgemacht und insgesamt in jeder Sparte Steigerungen erfahren, »die weit über Landes- und Bundesdurchschnitt lagen«. Überdurchschnittlich auch die Steigerung der Einlagen: »Sie betrugen Ende 1992 insgeamt fast 42 Millionen Mark.«

Vom Jahresüberschuß 1992 in Höhe von rund 217 300 Mark seien sofort knapp 80 000 Mark in die Rücklagen eingestellt worden, heißt es im Bericht der Bank weiter. Damit hätten die Versammlungsteilnehmer schließlich über die Verwendung eines Bilanzgewinnes in Höhe von fast 129 400 Mark beschlossen. An die Mitglieder der Genossenschaftsbank könne deshalb eine neunprozentige Bruttodividende von rund 44 800 Mark ausgeschüttet werden; in die gesetzliche Rücklage seien rund 48 600 Mark und in die Betriebsrücklage 36 000 Mark überstellt worden.

Geschäftsführer Hark Gereke stellte in seinem Überblick über das laufende Jahr eine weiterhin positive Entwicklung fest: »Im Kreditgeschäft hat die Genossenschaftsbank aufgrund der zur Zeit günstigen Kapitalmarktlage wieder erhebliche Kreditmittel an die Verbundunternehmen weitergegeben, womit die Kunden an den zinsgünstigen langfristigen Hypothekdarlehen teilhaben konnten.« Das Ergebnis für 1993, so Gerekes Fazit, werde wieder befriedigend sein.

Der Geschäftsführer ging des weiteren auf die Diskussion über die Versorgung Amrums mit Erdöl und Erdgas ein und legte die möglichen Konsequenzen dar, die sich für die Raiba als größten Heizöllieferanten auf Amrum ergeben könnten. Ebenso wurde die Abhängigkeit der Insel von einem Monopolunternehmen (Schleswag) beschworen und auf die Raiba als größten Steuerzahler der Insel und bedeutender Arbeitgeber verwiesen. Gereke bedauerte dabei, daß die Gemeinden Norddorf und Wittdün, offenbar ohne diese Folgen beachtet zu haben, bereits entsprechende Verträge mit der Schleswag beschlossen hatten. Der Norddorfer Hotelier Hartmut Hesse plädierte hingegen aus Kostengründen für Erdgas, während der Norddorfer Bürgermeister die Ausführungen von Hark Gereke als »Polemik« zurückwies.

Im Verlauf der Versammlung, auf der Georg Quedens mit seinem Diavortrag »Von den Halligen über Nordstrand, Pellworm nach Helgoland« für Abwechslung sorgte, ging es auch um die Wahlen zum Aufsichtsrat. Dabei wurde Thies Maas einstimmig als Vorstandsmitglied bestätigt.

Konfirmanden 1993

Das hat es wohl noch nie gegeben – nur einen einzigen Knaben, Lennard Langfeld, hier neben Pastor Segschneider, und ansonsten nur Mädchen zur Konfirmation. Oben links Andrea Hellmuth, rechts Kerstin Kümmel. Sitzend von links: Marion Schreiber, Lena Ruth, Ilka Clausen, Nadine Meinerts, Jessica Frey, Kathrin Klaus und Antje Willuhn.

Die Alten von Amrum

Anni und Detlef Boyens

Anni und Detlef Boyens – Diamantene Hochzeit

Sie sind beide schon einige Jahre über 80, Anni 84 und Detlef 85. Aber immer noch sind beide mit dem Fahrrad auf Amrum unterwegs und machen ausgedehnte Spaziergänge, wobei sie manchen jungen Leuten davonlaufen. Am 18. Januar feierten sie ihre Diamantene Hochzeit, allerdings nicht auf Amrum, sondern mit Kindern und Schwiegerkindern auf dem sonnigen Mallorca.

Anni, genauer Anna-Maria geb. Reichtallhammer, stammt aus Bayern. Sie wurde 1909 in Teising geboren, wanderte als 16jährige nach Amerika aus. Detlef ist ein Sohn des Pellwormer Schiffers Meinhard Boyens, geboren 1908 in Norddorf. Auch Detlef wanderte, weil die Heimatinsel seinerzeit nur Saisonarbeit bot, als 20jähriger nach Amerika aus. In Amerika haben beide 1933 geheiratet, kehrten 1937 nach Amrum zurück, um hier am Dünenrande von Norddorf ein Haus zu bauen. Da Detlef in Amerika Deutscher geblieben war, wurde er zur Wehrmacht eingezogen, kam aber unversehrt aus dem Krieg heim. 1953 wanderten Detlef und Anni mit den inzwischen geborenen zwei Kindern noch einmal nach Amerika aus, kehrten aber schon 1956 zurück, bauten eine Strandkorbvermietung auf und übernahmen als Pächter die 1957 errichtete Strandhalle am Norddorfer Strand mit dem umfangreichen Restaurant, das sie bis 1962 führten, während die Strandkorbvermietung 1970 an den Sohn Detlef Boyens jun. übergeben wurde. Seitdem beschränkt sich Anni auf die Führung ihres Hauses, während Detlef fleißig die Börsennachrichten zwischen New York und Tokio studiert und ein versierter »Aktionär« ist. (Ausführliche Lebensgeschichte siehe auch Chronik 1983)

G. Q.

Gertraude und August Jakobs – Goldene Hochzeit

In der Wohnstube des Ehepaares, das am 21. Januar goldene Hochzeit feiern konnte, ist die Vergangenheit Gegenwart geblieben: ein Panorama von Schiffsbildern, das an die lange Tradition der Halligmeer-Seefahrt der Familie Jakobs erinnert, angefangen mit Ausflugsseglern bis hinaus zum Linienverkehr. Und wenn der Hausherr aus dem Fenster seines Hauses am Deich von Steenodde schaut, hat er vor sich die Heimathallig Langeneß, ganz vorne die Kirchhofswarft, auf welcher August am 16. Oktober 1920 geboren wurde, und zwar im ehemaligen Pastorat. Aber die zugehörige Kirche wurde schon in den 1830er Jahren abgebrochen, und auch das Pastorat steht längst nicht mehr. Das Gebäude wurde um 1930 erneuert und erhielt nach der Sturmflut 1962 einen Fluchtraum. Nur der Friedhof ist geblieben.

Gertraude, geb. Kaiser, hingegen stammt aus der entgegengesetzten Richtung, geboren am 30. Mai 1919 in Budenbach an der Elbe, heute Tschechei, aber damals zur Kaiserlichen und Königlichen (KuK) Österreichischen Monarchie gehörend. Hier amtierte der Vater als Beamter der Reichsbahn, war aber Sachse, gebürtig aus Dresden. Und auch die Mutter stammte aus dieser Gegend.

August besuchte die Schule auf Hilligenlei, Lehrer Lorenzen aus Utersum-Föhr, betätigte sich nach der Schulzeit ein Jahr beim Vater Hans Jakobs im Versorgungs- und Ausflugsverkehr im Bereich des Halligmeeres (ein übrigens von August geprägter geografischer Begriff für das Wattenmeer im Bereich der Halligwelt, der aber offiziell auf Landkarten und in Atlanten keine Berücksichtigung gefunden hat) und wandte sich dann nach der Schiffsjungenzeit auf dem Küstenfrachter »JuL« der weiten Welt und der Großen Seefahrt zu. 1935–1938 war er auf dem Dreimastschoner »Berta von Busch« der Finkenwerder Reederei F. Busch auf Nord- und Ostsee

unterwegs und fuhr 1939 mit dem Passagierdampfer »Hansa« von Hamburg nach New York. Dann brach der Weltkrieg aus, der August zunächst verschonte, weil er 1940 die Seefahrtsschule in Hamburg besuchte und 1941, nun auf dem Dampfer »Mililla« fahrend, das Patent A 5 machte. Der Dampfer war als Truppentransporter nach Norwegen und anschließend mit Munition für die Finnlandfront und zum Baltikum unterwegs. Sein nächster Dampfer, ein Erzfrachter namens »Rabat«, lag im Oktober 1943 im Hafen von Bodö, als er von amerikanischen Moskitos angegriffen und versenkt wurde – Gott sei Dank so dicht an Land, daß sich die Besatzung schwimmend retten konnte. Auch der nächste Dampfer, den August betrat, die »Carl« der Reederei Satori und Berger, wurde 1945 in Hamburg versenkt. Aber da war August gerade zu Hause. Zuletzt war August auf dem Dampfer »Ludwig«, der sich auf einer Werft im dänischen Svendborg befand, als der Krieg zu Ende ging. Als Zivilist kam August bereits am 11. Mai 1945 nach Hause – nach Langeneß, erwartet von der Ehefrau Gertraude, die er in Stettin kennengelernt und im Januar 1943 geheiratet hatte, sowie von den in den Kriegsjahren geborenen beiden Töchtern.

Wie überall war nun auch auf der Hallig die Stunde Null, doch konnte man sich hier, anders als in den zerbombten Städten, auf traditionelle Weise vom Lande und vom Meer ernähren. Der Sommer des Jahres 1945 gehörte dem Makrelenfang. Da bot sich Anfang September 1945 ein neuer Job – auf der »Uwe Jens Lornsen« des Wasser- und Schiffahrtsamtes im Seezeichenhafen Amrum. August und Gertraude zogen mit den Mädchen nach Amrum, wohnten zuerst im Leuchtturmwärterhaus und fanden später im Haus »Auler« (Kinderheim »Nordfriesland«) eine Bleibe.

Gertraude und August Jakobs

Aber schon 1948 – der Fremdenverkehr steckte noch in den allerersten Neuanfängen – entschloß sich August zur Selbständigkeit. Er kaufte in Hamburg ein ehemaliges Flugsicherungsboot und ließ es auf der Kröger-Werft in Husum zu einem Ausflugsschiff umbauen, »Ambronia« genannt. Ab Sommer 1950 wurde erstmals auch Linienverkehr auf der Linie Amrum–Hooge–Langeneß–Bongsiel aufgenommen, in Ergänzung dazu mit der »Hilligenlei«, die der Vater Hans Jakobs 1951 in Kappeln hatte bauen lassen. In Zusammenarbeit mit Helmut Pioch wurden rund 500 Betten auf Amrum gemietet und dafür eine 60tägige Belegung garantiert, ebenso Pauschalreisen von Berlin und Hamburg aus mit der Firma Sterner organisiert. Durch diese Vorhaben konnte schon eine gute Auslastung der

Linie erzielt werden, denn selbstverständlich wurden alle Gäste über Bongsiel geleitet. Vater und Sohn haben dann bis 1959, bis zum Tode des Vaters, mit »Ambronia« und »Hilligenlei« den Ausflugs- und Linienverkehr durchgeführt. Der Linienverkehr wurde dabei verkürzt und verbessert, als 1958/59 der Hauke-Haien-Koog vor Bongsiel eingedeicht werden konnte und mit Schlüttsiel ein neuer Festlandshafen entstand.

Ein neuer, bedeutender Schritt erfolgte 1960. Auf Initiative von August Jakobs wurde die »Amrumer Schiffahrts-AG« (ASAG) gegründet, die ein neues Schiff, die »Amrum«, bauen ließ und auf der Linie Amrum–Hooge–Langeneß–Schlüttsiel einsetzte, wobei es allerdings zu erheblichen internen und öffentlichen Auseinandersetzungen mit der WDR, insbesondere mit deren Geschäftsführer Friedrich Lützen kam, der in besonderer und bemerkenswerter Weise das Alleinvertretungsrecht beanspruchte. Der Halligverkehr und der Fremdenverkehr auf den Halligen spielten zunächst noch eine geringe Rolle. Aber dann bewies die Natur die Notwendigkeit einer festen Verbindung – die Orkanflut 1962, nach welcher Kapitän August Jakobs und die Besatzung der »Amrum« fast Übermenschliches leisteten, um die Versorgung der betroffenen Halligen zu gewährleisten.

Nach 1962, verbunden mit dem Neubau der Hallighäuser, kam es dann zu einer stürmischen Aufwärtsentwicklung des Fremdenverkehrs, allerdings auch zu einer Steigerung des Autoverkehrs zu Inseln und Halligen. Und dieser Entwicklung wurde durch den Bau einer neuen kombinierten Passagier- und Autofähre, der »Amrum II«, im Jahre 1968 Rechnung getragen. Aber von Anfang an hatte die ASAG mit finanziellen Schwierigkeiten zu kämpfen, die dann schließlich 1970 zur Fusion mit der WDR führten. (Ausführliche Geschichte der Hallig-Reederei Jakobs und der ASAG siehe Chronik 1983.)

Über den Flaggenwechsel hinweg blieb August aber Kapitän auf der von ihm begründeten Linie, bis zu seiner Pensionierung 1983. Seit 1971 im Aufsichtsrat der WDR und seit 1990 stellvertretender Vorsitzender ist August der WDR bis heute verbunden geblieben. Er repräsentiert die Reederei bei Werbeaktionen, Ausstellungen und auf Reisen. Aber August wäre nicht August, wenn er sich nicht auch auf anderen Gebieten engagiert

Mit Gründung der ASAG und dem Bau der »Amrum« erhielt die von August Jakobs gegründete Hallig-Linie eine dauernde Grundlage

hätte. Sein Name steht am Anfang des organisierten Fremdenverkehrs auf der Heimathallig Langeneß, er war von 1982–1990 für die CDU im Kreistag und insgesamt zehn Jahre im Gemeinderat von Nebel, zuletzt, von 1986 bis 1990, als Bürgermeister, der Etliches in Bewegung brachte, insbesondere den Ankauf des ehemaligen Nordseesanatoriums und Umbau zum heutigen »Haus des Gastes«. Er schied dann aber – trotz einstimmiger Wiederwahl zum Bürgermeister – 1990 grollend aus dem Amt, als es zu Auseinandersetzungen über die Einrichtung einer zentralen Zimmervermittlung kam. Heute begnügt er sich damit, Vorsitzender des Ortsvereines der CDU Amrum zu sein. Seit 1982 ist August aber auch Vorsitzender des Nautischen Vereines und als solcher Initiator des Schifffahrtsmuseums in Husum sowie Mitorganisator des Deutschen Seeschiffstages 1989 in Husum. Ebenso ist er auch Mitbegründer des Fördervereines des Kreiskrankenhauses Föhr-Amrum.

August Jakobs hat sich aber nicht nur als Pionier des Halligverkehrs nebst den anderen genannten Vorhaben und Ämtern einen bleibenden Platz in der Inselgeschichte gesichert. Auch als Belebung geselliger Zusammenkünfte hat August einen hohen Stellenwert. Wo er auftaucht, werden bald vergnügliche Düntjes erzählt, wovon August bis unter die Kapitänsmütze voll ist und worüber er auch ein Buch geschrieben hat. So hat er auch alle Chancen, als Original und durch Geschichten in die Geschichte einzugehen.

★

Wenn ein Mann so hoch auf der Kommandobrücke und im Vordergrund steht, verschwindet die Ehefrau nicht selten und unberechtigt im Hintergrund, wobei aber nicht vergessen werden darf, daß die Aktivitäten des Mannes kaum ohne das stille Wirken der Ehefrau im Hause möglich sind.

Gertraude ist in ihren Jugendjahren mit den Eltern öfter umgezogen. Der Vater wurde als Beamter mal hierhin, mal dorthin versetzt, nach Dresden, in die Oberlausitz und in das Erzgebirge. Im Kriege absolvierte sie das übliche »Landjahr« und arbeitete bei der Reichsbahn. Nach der Heirat 1943 kam sie dann – wie erwähnt – über Langeneß mit Ehemann und zwei Töchtern nach Amrum, wo dann noch drei weitere Töchter bis 1954 geboren wurden, so daß die Familie Jakobs insgesamt 5 Mädchen zählte. 1952/53 konnte ein eigenes Haus am Deich von Steenodde errichtet werden, das gleichzeitig auch als Büro für die ASAG diente und die Eltern aufnahm, die hier bis zu ihrem Tode 1961 bzw. 1970 versorgt wurden. Und bis 1978 hat Gertraude auch die Schwiegermutter betreut, ebenso aber auch für die Besatzung der »Amrum« gekocht. So war an Arbeit kein Mangel. An die Öffentlichkeit ist Gertraude, verglichen mit ihrem Mann, nur wenige Male getreten, und zwar als Täuferin aller bisherigen Schiffe auf der Schlüttsiel-Linie, 1960 der ersten, 1968 der zweiten »Amrum« und 1991 der »Hilligenlei«.   G. Q.

Alma Horzer – 80

Ihr Revier ist das kleine, gemütliche Landarbeitersiedlungshaus und der große Garten rundum. Und man sieht Alma nicht an, daß sie am 16. Januar 80 Jahre alt geworden ist – so behende ist sie noch drinnen und draußen auf den Beinen.

Alma geb. Kock stammt aus Arfrade, Ostholstein, wo ihre Eltern, der Vater Angestellter bei der Bahn und die Mutter als Hausfrau, wohnten. Ihre Jugendzeit hat Alma in Bad Oldesloe verbracht. 1929 kam sie nach Amrum, als Haushälterin zu Thomas Behrens, der Zugschaffner bei der Amrumer Inselbahn war und einer Haushaltshilfe bedurfte, weil seine Frau gelähmt war.

Zufriedene Gesichter: Alma und Karl Horzer

Einige Zeit später lernte Alma anläßlich eines Theaterspieles in Nebel den Gärtnergehilfen Wilhelm Winkler kennen. »Willi« stammte aus Rodzin im Kreis Kattowitz, wo er 1905 geboren wurde. Er arbeitete in der Gärtnerei Hinz in Nebel. Geheiratet wurde 1933, und Alma brachte aus einer vorherigen Beziehung den 1931 geborenen Sohn Günter mit in die Ehe, der aber zunächst bei den Großeltern wohnte und dort nur schweren Herzens aus den Händen gegeben wurde, als auf Amrum die Gründung eines Hausstandes perfekt war. Alma und Willi wohnten in Nebel zur Miete in verschiedenen Häusern. Willi, zunächst noch Gärtner, trat dann später in den Dienst der Gemeinde Nebel und blieb hier bis zu seinem Ruhestand »Mädchen für alles«. Den 2. Weltkrieg verlebte er auf friedliche Weise beim Militär auf der Nachbarinsel Sylt, während sich dann im Laufe der Jahre noch zwei Töchter und ein Sohn einstellten.

1954 und später wurden auf Amrum etliche Landarbeiterhäuser gebaut, vermittelt vom damaligen Bürgermeister Peter Christiansen, der damit Familien ein Eigenheim zu günstigen Konditionen verschaffen wollte, wobei der Status »Landarbeiter« nicht ganz genau genommen wurde. Diese Häuser entstanden außerhalb des damaligen Dorfbereiches – das Haus der Familie Winkler in günstiger Lage am Strandweg auf der Westerheide. Alma mochte zuerst gar nicht gerne aus dem Dorf heraus und fand sich mit der »Umsiedlung« erst ab, nachdem auch der Sohn Günter nebenan ein ähnliches Haus bezog. Der Ehemann Willi trat Ende der 1960er Jahre in den

Wilhelm Winkler

Ruhestand, konnte diesen aber nur noch wenige Jahre genießen. Er starb am 2. Oktober 1972.

Sieben Jahre später lernte Alma ihren zweiten Ehemann Karl Horzer kennen. Sie besuchte in Dinslaken die Familie Lohse, von Amrum stammend, aber in den 1950er Jahren wegen Arbeitsmangel auf Amrum in das nordrhein-westfälische Industriegebiet ausgewandert. Christel, Hannchen, Frieda und Karl wohnen mit ihren Familien dort, und Frieda vermittelte die Bekanntschaft mit Karl Horzer, den sie als leidgeprüften Witwer kannte, der vor zehn Jahren seine Frau verloren hatte.

Karl, geboren am 28. September 1908 in Querfurt in Sachsen bei Halle, war nach dem verlorenen 1. Weltkrieg und der Neuziehung von Grenzen zwischen Deutschland und Po-len mit den Eltern zwecks Arbeitssuche von Posen nach Westfalen gezogen. Karl begann seine Laufbahn als Bergmann 1923 auf der Zeche Hermann in Selm-Beifang, die aber 1926 zugemacht wurde, zog dann nach Dinslaken und arbeitete auf der Zeche Lohberg von 1926 bis 1963 unter Tage, bis zu 1100 Meter tief. »Noch heute wache ich nachts aus Träumen auf und sehe mich in der Tiefe des Schachtes«, berichtete Karl. »Es war eine harte Arbeit für mich nicht gerade großen Mann.«

1930 heiratete er Luise Lotze und hatte mit ihr zwei Söhne. Aber seit 1957 war seine Frau an den Rollstuhl gefesselt und mußte 12 Jahre, bis zu ihrem Tode im September 1969, gepflegt werden. Um neben dem Tagewerk diese Aufgabe zu erfüllen, teilte sich Karl mit einem seiner Söhne die Tag- und die Nachtschicht in der Zeche. Karl arbeitete nachts und stand am Tage für die Betreuung seiner Frau zur Verfügung. Es ist kaum zu beschreiben, wie kräftezehrend diese Aufgabe war, und Karl suchte immer wieder Ablenkung in seiner Brieftaubenzucht, dem besonderen Hobby der Bergleute.

Am 5. Dezember 1980 haben Alma und Karl geheiratet, wohnten dann abwechselnd im Sommer auf Amrum und im Winter in Dinslaken, ehe sie 1985 ganz nach Amrum zogen, »vor allem wegen der guten Luft«, wie Karl betont. Als Erinnerung an seine Bergmannszeit bezieht Karl noch immer ein Deputat von Kohlen, lieferbar durch die hiesige Raiffeisenbank. Im übrigen hat er genug damit zu tun, täglich an die 40 Fasane und sonstiges Getier zu füttern, das sich aus der nahen Wildbahn im Garten einfindet und ganz zutraulich geworden ist. Alma und Karl führen auf ihre alten Tage ein bescheidenes und zufriedenes Leben. Und da Zufriedenheit Reichtum ist, sind beide Millionäre. G. Q.

Walter Peters – 80

Als im Jahre 1934/35 vor der Norddorfer und Wittdüner Marsch die Deiche gebaut wurden, kamen Hunderte von Männern des Freiwilligen Arbeitsdienstes nach Amrum und wurden in einem Barackenlager hinter dem Seehospiz I einquartiert – angeblich so weit außerhalb des Dorfes, weil etliche Gemeindeväter befürchteten, daß die Weiblichkeit in Versuchung geraten könne. Vergebens. Es gab etliche Beziehungen zwischen den Dorfschönen und Arbeitsdienstmännern sowie nachfolgende Eheschließungen. Und eine davon war jene zwischen Emma Petersen aus Norddorf und Walter Peters aus Tönning.

Am 5. März wurde Walter Peters 80 Jahre alt. Geboren als Sohn des Bahnarbeiters Christian Peters und Frau Emma geb. Volquards, absolvierte Walter nach der Schulzeit eine Zimmermannslehre und begab sich anschließend als Handwerksbursche auf die Wanderschaft – zur Erleichterung der Eltern, die nun einen Esser weniger am Tische hatten. Drei Jahre durchwanderte Walter die Schweiz und Deutschland und hat auf verschiedenen Arbeitsplätzen seine Kenntnisse vervollständigt, unter anderem auch auf dem Kölner Dom.

Dann kam eben nach 1930 die Weltwirtschaftskrise, verbunden mit Massenarbeitslosikeit, die auch den jungen Zimmermann aus Tönning traf. Aber da las Walter eines Tages 1932 in der Zeitung, daß ein Arbeitsdienstlager auf Amrum für den Bau der dorti-

Emma und Walter Peters

Das Haus Michaelsen, wie es ursprünglich war

gen Deiche eingerichtet worden war und Walter meldete sich zum Dienst. Nach der Vollendung der Deiche – Walter hatte inzwischen im August 1934 Emma Petersen geheiratet – ging es 1936 zum Bau des »Westwalles« und anschließend nach Sylt, wo auf Hörnum und bei Rantum umfangreiche Militäranlagen entstanden. Eben vor dem Krieg wurde Walter aber wieder zivil – er wurde als Zimmermann bei den Seehospizen in Norddorf angestellt.

Nach Ausbruch des Krieges wurde Walter zur Ausbildung nach Harburg eingezogen und kam zum Einsatz nach Norwegen und nach Rußland. Auf dem Rückzug wurde er in Guben verwundet, erhielt zwecks Genesung Heimaturlaub und mußte noch einmal an die Front, ehe er bei Leipzig in amerikanische

Gefangenschaft geriet. Dort mußten die deutschen Kriegsgefangenen, eingeteilt in Gruppen von 5000 Mann, etwa 6 Wochen in Erdhöhlen hausen, von Hunger und Kälte geplagt. Noch heute erinnert sich Walter mit Dankbarkeit, daß er von Fiede Post einen Pullover bekam.

Aber dann folgte doch die Entlassung und die Rückkehr in die Heimat, wo Walter das Glück hatte, beim Seehospiz wieder eine Anstellung zu finden. Nur in den ersten Jahren mußte er während des Winters eine anderweitige Arbeitsstelle suchen und fand diese bei Johannes Matzen in Wittdün. Aber dann wurde er vom damaligen Geschäftsführer des Seehospizes, Mohrmann, fest angestellt und blieb hier bis zum Jahre 1962. Knapp 50 Jahre alt, entschloß sich Walter, zu Hause zu bleiben, um seiner Frau Emma zu helfen. War doch aus dem ehemaligen, östlichsten Friesenhaus des Dorfes inzwischen eine beliebte Fremdenpension mit einem zusätzlich angebauten Seitenflügel geworden. Und bei der herrlichen Lage des Hauses mit Blick über das Watt war an Gästen kein Mangel. Noch heute gehört das gepflegte Haus »Michaelsen«, inzwischen Hotel garni und in Regie der Schwiegertochter, zu den ersten Adressen im Nordseeheilbad.

Der Hausname »Michaelsen« erinnert an die Herkunft der Ehefrau Emma. Sie wurde am 3. August 1915 in Norddorf geboren, Tochter des Landarbeiters Andreas Petersen, als »Knecht« zu Simon Lorenzen in Nebel nach Amrum gekommen, und seiner Frau Christine, geb. Michaelsen. Emma und Walter haben zwei Söhne, beide mit ihren Familien, wozu 4 Enkel und 8 Urenkel gehören, auf Amrum lebend. Emma wurde 1982 von einer schweren Krankheit befallen und starb, von der Schwiegertochter Traute bis zuletzt gepflegt, kurz vor Weihnachten des genannten Jahres.

Nach Emmas Tod übernahmen Schwiegertochter Traute und Sohn Wolfgang das Haus, und Walter setzte sich im Altenteil zur Ruhe. Ein Ruhestand ist es dennoch nicht, denn Walter ist als Handwerker hüben und drüben in Tätigkeit und sorgt auch dafür, daß das Umfeld des gediegenen Hauses in Ordnung bleibt, wobei er sich besonders dafür ausspricht, die traditionelle friesische Bauweise zu pflegen.   G. Q.

Käte von der Weppen – 80

Als das Ehepaar Käte und Alfred (»Freddy«) von der Weppen im Jahre 1948 das Sommerhaus im Friesenstil des Maschinenfabrikanten Stülcken zwischen Wittdün und dem Leuchtturm kauften, wollte Käte daraus – entsprechend ihrer Berufsausbildung – ein Kinderheim machen, Freddy hingegen plädierte für eine Kneipe. Und heute weiß die ganze Welt, daß Freddy sich durchgesetzt hat, denn die »Blaue Maus« ist heute ein Weltbegriff. Dabei hieß das gemütliche, maritim eingerichtete Lokal zunächst »Gaststätte zum Leuchtturm«. Aber als sich der Name »Blaue Maus« im Volksmunde verbreitete, erlosch der Leuchtturm, und die Maus triumphierte.

Käte lebt nun schon über ein halbes Jahrhundert auf Amrum, hat sich aber ihre unverkennbare Berliner Originalität, die freie und unkomplizierte und ungenierte Rede bewahrt und erzählt »frei von der Leber weg«. Geboren wurde sie am 2. September 1913 in Hohenschönhausen (Berlin), wo der Vater mal bei der Straßenbahn, dann Lagerhalter und zuletzt Filialleiter beim »Konsum« war. Die Mutter arbeitete in der Fabrik.

Nach der Schule wurde Käte geb. Mieske Kindergärtnerin, war zwei Jahre in einem Heim an der Ostsee und kam dann Mitte der 1930er Jahre für zwei Jahre nach Amrum in das Berlin-Wilmersdorfer Nordseeheim, dem ehemaligen »Kaiserhof«, hoch über der Strandpromenade von Wittdün. Käte lernte einen Hamburger kennen, den sie aber – weil dieser hörbehindert war – wegen der nationalsozialistischen Erbkrankheitsgesetze nicht heiraten durfte, als sich Nachwuchs einstellte. »Ik hab wat unterwegs«, beichtete Käte ihren Eltern. Der Vater wollte das Kind nach der Geburt in ein Waisenhaus geben, aber die Mutter war dagegen, und Käte durfte ihren im Mai 1937 geborenen Gernot behalten. Inzwischen war aber auch schon Alfred von der Weppen in ihr Leben eingetreten. Er war bei der Marine, ein sogenannter »Zwölfender« (12jährige Militärverpflichtung) und »sah in seiner Uniform immer schick aus«, so

Käte von der Weppen

daß ihm damals wie auch später etliche Frauenherzen zuflogen. 1938 wurde in Berlin geheiratet, und Freddy erkannte Kätes Sohn Gernot sofort als eigenes Kind an. Nach vierjähriger Dienstzeit quittierte Freddy aber das Militär und arbeitete als Maurer. Den Krieg verlebte er relativ ungestört in Holland, »an der Schlagsahnefront«, wie Käte sagte. »Trotzdem hab ick gebetet, dat ick janz fromm werden will, wenn mein Mann und mein Bruder aus dem Krieg heil zurückkommen«, berichtete Käte. Und ihr Gelübde wurde erhört. Heute ist Käte eine häufige Kirchgängerin und darf auf keiner Beerdigung fehlen.

Zunehmende Bombenangriffe auf Berlin veranlaßten die Familie – 1940 war die Tochter Freya geboren – nach Amrum, auf die Heimatinsel des Vaters, zu flüchten. In Nebel fand Käte mit den beiden Kindern eine Wohnung und konnte bald nach dem Kriege den Ehemann wohlbehalten in Empfang nehmen. Wie

andere Insulaner lebte nun auch das Ehepaar von der Weppen von Kleinlandwirtschaft, wozu Peter Christiansen ein altes Schaf geliefert hatte, sowie vom Fischen und Gelegenheitshantierungen – bis dann im Jahre 1948 das erwähnte Stülckenhaus erworben wurde. Es war eine Zeit, als der Hafen bei Wittdün täglich voller Büsumer Krabbenkutter lag und sich in Wittdün, im ehemaligen Wagenschuppen der Inselbahn, eine Muschel- und Fischfabrik etabliert hatte. Da bot sich eine Kneipe so nahe am Hafen geradezu an. Aber es wurde dann doch schwierig, die Konzession zu erhalten, ehe 1953 das Lokal eröffnet werden konnte und sich dann trotz der noch wirtschaftlich schwierigen Verhältnisse als »Volltreffer« erwies. Inzwischen war noch ein drittes Kind, der Sohn Jan-Jürgen geboren. Aber Anfang der 1960er Jahre erwarb Freddy in Wittdün das Gewese der Witwe von Heinrich Behrens, begann ein neues Leben und trennte sich von seiner Familie. Käte behielt die »Blaue Maus«, bis diese um 1970 zunächst von der Tochter Freya und dann vom Sohn Jan-Jürgen übernommen wurde. Käte hat dann noch reichlich fünf Jahre im Kindererholungsheim »Satteldüne« gearbeitet, »eine schöne, unbeschwerte Zeit«, ehe sie 1978 in Rente ging. Zunächst im Hause »Knurrhahn« wohnend, bezog Käte Ende der 1980 ihre heutige »Villa Käte«, die von Freya und Schwiegersohn Hans Paulsen gebaut worden war. Mittlerweile hat Käte die ganze Welt erlebt. Sowohl mit der Volkshochschule Niebüll als auch Amrum hat Käte Sibirien durchquert (Transibirische Eisenbahn), ist in China, Japan, Neuseeland, Amerika, Kanada und natürlich in vielen europäischen Ländern gewesen. Und legt in bester körperlicher Verfassung auch auf Amrum täglich etliche Kilometer mit dem Fahrrad zurück. Die Kinder haben sich inzwischen um 7 Enkel und diese wiederum um 2 Urenkel vermehrt. »Freddy« aber, inzwischen anderweitig verheiratet, starb 1990. »Aber ick hab' ihm verziehn«, sagt Käte mit glaubhafter Großzügigkeit.
G. Q.

121

Hilde Lucke – 80

„Gud, dat det en Oomram jaft", gut, daß es ein Amrum gibt, sagt Hilde Lucke und läßt mit diesem einzigen Satz erkennen, daß im Auf und Ab ihres Lebens die Heimat immer zugleich auch Geborgenheit war. Zum »Ab« ihres Lebens gehört vor allem der frühe Soldatentod ihres Mannes nach nur wenigen glücklichen Ehejahren – ein Schicksal, das sie mit vielen anderen Frauen ihres Jahrganges teilt.

Geboren wurde Hilde am 14. Dezember 1913 in Wittdün, in der Bäckerei ihres Vaters Martin Johannes Breckwoldt (»Tin Hanje«), verheiratet mit Hanna Maria Jacobsen. Die Eltern stammten aus Süddorf, und dieser Umstand erklärt, daß Hilde im ansonsten »hochdeutschen« Wittdün ihre friesische Sprache bewahrt hat. 1912 hatten die Eltern die Bäckerei an der Hauptstraße erbaut, aber 1928 an Georg Reeps verkauft (heute Preuß) und an der Mittelstraße am Kurpark eine Fremdenpension errichtet. Hilde war die älteste der drei Kinder. Der Bruder Christian ist gefallen, und über die Schwester Martha wurde schon in der Chronik 1991 berichtet.

Gleich nach der Konfirmation kam Hilde in die Reichshauptstadt Berlin, als Haustochter zu einer Familie, die als Badegäste in Wittdün gewesen waren. In Berlin lernte sie ihren Mann Karl-Heinz Lucke kennen, geboren

Hilde Lucke

Karl-Heinz Lucke, in den letzten Kriegstagen verschollen

122

1911 und als Bahnbeamter tätig. Geheiratet wurde im Mai 1936, und im November des folgenden Jahres 1937 wurde der Sohn Volkert geboren. Nach Ausbruch des Krieges blieb der Ehemann als unabkömmlich für den Bahnbetrieb zunächst von der Wehrmacht verschont. Erst kurz vor Kriegsende erfolgte die Einberufung, während Hilde wegen der näherrückenden Front mit dem Sohn schon zu den Eltern nach Amrum geflüchtet war. 1945 kam noch aus dem eingeschlossenen Berlin ein letzter Brief des Ehemannes – dann verloren sich alle Spuren. Karl-Heinz Lucke blieb verschwunden. Es kam keine Todesnachricht von der Wehrmacht und keine Nachricht über eine Gefangenschaft. Hilde wanderte jeden Tag zum ankommenden WDR-Dampfer, immer in der Hoffnung, daß ihr Mann kommt und fuhr trotz der schwierigen Umstände nach Berlin, um dort Nachforschungen anzustellen, vergebens. Auch die Schwiegereltern, die im Kriege beide Söhne verloren, haben nie wieder etwas gehört.

Hilde blieb nun bei den Eltern in Wittdün, half in deren Fremden-Pension und lebte von ihrer Beamtenrente. Schon 1946 konnte sie auf dem Grundstück der Eltern einen eigenen Wohnbungalow errichten, wozu die Steine, dank des reichlich vorhandenen Dünensandes, selber gemacht wurden. Schwager Georg Gerisch half beim Mauern, Putzen und Verfugen. Als 1949 die Mutter starb, übernahm die Schwester Martha die Fortführung der Pension, während Hilde den Vater versorgte. »Tin Hanje« lebte noch bis 1977, bis zuletzt geistig rege und, umnebelt vom Qualm seiner Zigarren am Fenster sitzend, das Geschehen auf der Straße und das überboomende Bauen auf den benachbarten Grundstücken beobachtend.

Der Wohnbungalow ist später wesentlich erweitert worden, um dem Sohn Volkert und seiner Familie ein Unterkommen zu geben. Volkert hat Gärtner gelernt und als solcher auf dem Festland gearbeitet, kehrte aber nach der Heirat nach Amrum zurück und richtete zunächst in der Wittdüner Marsch, später auf »Sand« zwischen Wittdün und Seezeichenhafen, eine Gärtnerei ein. Vier Enkel und vier Urenkel runden heute die Familie Lucke ab.

Als Ruheständlerin ist Hilde viel gereist, durch Deutschland dank der Freikarte als Angehörige eines Bahnbeamten, aber auch durch andere europäische Länder. »Aber dafür bin ich nun zu alt«, sagt Hilde. Trotz ihres Alters geht sie aber regelmäßig zum Kegeln und beteiligt sich auch an den Strickarbeiten des DRK. Ihr letztes, aufregendes Erlebnis hatte sie im Herbst dieses Jahres, als sie von einem Taxi angefahren wurde und einen Armbruch erlitt, der inzwischen aber gut verheilt ist.   G. Q.

»Hinne« Ricklefs – 75

Über 130 Jahre lang und über sechs Generationen hin lag das Amt des Tonnenlegens in Händen der Familie Ricklefs auf Steenodde – bis 1983. Und immer noch sind die Spuren dieser Zeit zu sehen. Im Seezeichenhafen liegt unverändert fahrbereit das ehemalige Tonnenlegerschiff »Hildegard«, und in der Wohnstube von Hinrich (»Hinne«) Ricklefs erinnern Gemälde und Fotos an Fahrenszeiten nah und fern.

Am 1. Februar wurde Hinrich Ricklefs, der Vorletzte in der Tonnenleger-Dynastie, 75 Jahre alt. Er wohnt im 1863 vom Urgroßvater Hinrich Philipp Ricklefs erbauten »Stammhaus« auf Steenodde. Hinrich Philipp war Kapitän Großer Fahrt und führte vor allem Auswandererschiffe der Reederei Sloman von Hamburg nach Amerika. Später betätigte er sich als Austernkommissar und Tonnenleger in nordfriesischen Gewässern. So, wie der Kapitän nach dem Tode seiner ersten und zweiten Frau dreimal verheiratet war, so ging auch seine dritte Frau Momke

»Hinne« Ricklefs mit Frau Rosemarie

geb. Hinrichsen von Föhr nach dem Tode von Hinrich Philipp noch zwei Ehen ein, jeweils mit einem Kapitän von Föhr und Sylt. Und auf beiden Inseln wurden genau die gleichen Häusern gebaut, wie es auf Steenodde steht.

»Hinnes« Eltern waren der Tonnenleger Hinrich Philipp Ricklefs und Christine geb. Jensen. Zusammen mit seinen Geschwistern Grete und Gerd wuchs »Hinne« im Kinderparadies Steenodde und in unmittelbarer Beziehung zum Wasser auf, ging in Nebel zur Schule und wurde nach der Schulzeit zunächst Gehilfe bei seinem Vater auf dem Tonnenlegerschiff »Anna«, das 1891 von Stapel gelaufen war.

Es folgten 1936 der Arbeitsdienst in Tarp bei Straßenbau und Moordränage und dann der Weg zur See. »Hinne« betrat die Planken des Schul- und Frachtschiffes »Priwall« der Reederei Laeisz, Kapitän Haut, und segelte mit Koks und Kali von Europa zur Westküste von Südamerika, zum chilenischen Salpeterhafen Iquique. Von dort ging es nach Hamburg zurück. »Aber das Essen war schlecht«, erinnert sich Hinrich Ricklefs, der ansonsten wenige Worte über sein Leben macht. Im Sommer und Herbst »klapperte« der Amrumer Seemann auf dem Woermann-Dampfer »Kamerun« die ganze Küste Westafrikas ab und heuerte anschließend auf dem Dampfer »Falke« der Reederei Russ an. Mit diesem Schiff kam man aber nicht weit. Schon auf der Elbe wurde der »Falke« von einem norwegischen Schiff gerammt und mußte umkehren.

Der nächste Dampfer hieß »Usorama« der Reederei Woermann, 16 000 Tons groß und als Fracht- und Passagierschiff eingerichtet, in den Jahren 1938–39 nach Westafrika unterwegs. Dann folgte eine eher fragwürdige Order: Der Dampfer sollte mit ausgewiesenen bzw. auswandernden Juden nach China, aber dazu kam es nicht mehr – es kam zum Krieg. Hinrich Ricklefs wurde zur Infanterie eingezogen, war als Soldat in Holland, Belgien, Frankreich und Rußland. Dabei wurde er nicht weniger als dreimal verwundet, zuletzt Ende Januar 1945 beim Rückzug in Kurland. Die Splitter dieser Verwundungen sitzen noch heute als »Andenken« in Hals und Bein, machen aber keine Beschwerden. Nach dem letzten Lazarettaufenthalt in Wismar sollte »Hinne« noch einmal an die Front, nach Ber-

lin. Er setzte sich aber nach Norden ab und kam bis Schleswig. Hier wurde er für eine Panzerdivison eingekleidet – aber bevor es losging, war der Krieg verloren und zu Ende. Am 18. August 1945 war Hinrich wieder zu Hause auf Amrum, trat als Tonnenlegergehilfe in den Dienst bei seinem Vater, machte nach entsprechendem Schulbesuch 1947 das Patent A 1 und 1952 das Patent A 2 und übernahm 1959 von seinem oft kranken Vater das Amt des Tonnenlegers mitsamt dem immer noch einsatzbereiten Tonnenlegerschiff »Anna«. Fast 70 Jahre hatte dieses Schiff seinen Zweck erfüllt, wurde nun aber doch durch ein anderes Schiff ersetzt, das allerdings auch schon etliche Jahre auf dem Kiel trug: ein 1907 vom Staat gebauter Tonnenleger, der verschrottet werden sollte. »Hinne« kauf-

Tonnenlegerschiff »Anna«, fast 70 Jahre im Dienst

te das Schiff und taufte es auf den Namen seiner Frau »Hildegard«. Es war noch bis 1983 im Dienst, nachdem Hinrich Ricklefs 1978 das Amt an seinen Sohn Hinrich William übergeben hatte – und ehe der heutige, staatliche Tonnenleger »Johann Georg Repsold« diese Aufgabe übernahm. (Siehe auch Chronik 1984.)

Im Mai 1947 hatte »Hinne« Hildegard geb. Moldenhauer aus Hamburg geheiratet. Drei Kinder, zwei Töchter und ein Sohn, wurden dem Ehepaar geboren. 1971 aber griff das Schicksal hart in das Familienleben auf Steenodde ein. Es war am 17. Januar. In Nebel war Feuerwehrball, als gegen Mitternacht Feueralarm gegeben wurde. In Wittdün brannte das derzeit unbewohnte Hotel »Bellevue«, und vom Trinken und Tanzen hinweg brau-

sten die Feuerwehren nebst vielen Einzelwagen nach Wittdün. Eines dieser Autos überfuhr bei dichtem Nebel die zusammen mit anderen Frauen nach Steenodde wandernde Hildegard Ricklefs und verletzte diese tödlich. Sie war erst 44 Jahre alt. Jahre später, 1977, hat »Hinne« dann noch einmal geheiratet – Rosemarie Sass aus Göllheim, die als Kurgast nach Amrum kam. Sie hatte als Kind den halben Arm verloren, als eine beim Spielen gefundene Handgranate explodierte. Heute lebt das Ehepaar im Wechsel von Sommer und Winter zwischen Amrum und Göllheim. Natürlich ist »Hinne« im Ruhestand dem Wasser verbunden geblieben und eine tägliche Erscheinung im Hafen. Hier liegt sein Motorsegler und auch die »Hildegard«, die ständiger Pflege bedarf.   G. Q.

Christian Nissen – 75

Als Christian und Agnes Nissen im Jahre 1947 an der Grantstraße nach Wittdün gegenüber dem Amrumer Leuchtturm ein kleines Häuschen erbauten, trat Christian als Bauunternehmer und Agnes als Handlanger auf. Das Grundstück hatte die Gemeinde Wittdün gegeben, und die einzige Bedingung der damaligen britischen Militärregierung war, daß die Hausgrundfläche nicht größer als 50 qm sein durfte. Erst Jahre später entstand dann aus dieser »Urzelle« das »Heide-Café« – ein Treffpunkt für die Inseljugend zum Trinken und Tanzen in der Nacht und tagsüber ein beliebtes Café für ältere Insulaner und Inselgäste. Viele heutige Ehepaare auf Amrum haben sich im »Heide-Café« kennengelernt, andere bei der Schlagermusik des Plattenspielers nur Liebschaften geschlossen. So wurde das »Heide-Café« über die Insel hinaus ein Begriff.

Bis 1972 waren Christian und Agnes im Betrieb, verpachteten diesen dann an Ernst Günter Kirch und Frau Ilka und verkauften das Gewese schließlich 1981 an Rudi Pflaumbaum. So sind die Jahre im »Heide-Café« heute nur noch Erinnerung und als Bilder aus bescheidener Anfangszeit an den Wänden des Wohnhauses in Wittdün geblieben.

Am 16. Oktober wurde Christian, in der friesischen Namensumformung »Krischen« genannt, 75 Jahre alt. Geboren wurde er im Leuchtfeuerhaus von Taxensand auf Alsen als Sohn des Leuchtturmwärters Nicolai Nissen und seiner aus Süddorf stammenden Frau Christiane, geb. Matzen, verwitwete Martens. Bald nach der Geburt mußte jedoch der Staat gewechselt werden. Nach dem verlorenen Weltkrieg und der Abstimmung im Jahre 1920 fiel Nordschleswig, darunter auch Alsen, an Dänemark, und der Vater wurde zum

126

Agnes und Christian Nissen

Amrumer Leuchtturm versetzt, wo er bis 1934 diente. In Süddorf bauten sich die Eltern ein Haus (»Nordseegruß«), wo der Vater im Ruhestand bis zu seinem Tode 1939 lebte. Die Mutter starb 1963.

Nach der Schulzeit trat Christian in die Tischlerlehre bei Julius Christiansen in Niebüll und absolvierte die vierjährige Lehrzeit mit der Prüfungsnote 1. Allerdings war es damals noch üblich, daß Lehrlinge »Lehrgeld« zahlen mußten, nicht wie heute gleich ein Gehalt bekamen.

1938 erfolgte die Dienstverpflichtung bei der Fa. Berger zum Westwallbau, wo »Krischen« mit seinen Amrumer Landsleuten Franz Wollny, Walter Peters und Nanning Bertelsen zusammentraf. Es folgten 1939 der Arbeitsdienst und 1940 die Einberufung zur Wehrmacht. Den Krieg erlebte Christian Nissen als Kraftfahrer bei der Luftwaffe im Osten, kam 1944 infolge einer Krankheit ins Lazarett und entging durch diesen Umstand der Kriegsgefangenschaft. Kurz vor Kriegsende aus dem Lazarett in Gauting bei München entlassen, konnte er nach Hause zu seiner Familie auf Amrum fahren. 1944 hatte er Agnes von der Weppen geheiratet, die eine Tochter, die 1940 in Berlin geborene Erika, mit in die Ehe brachte.

In den schwierigen Nachkriegsjahren wohnte die Familie zunächst im Haus Stülcken (der späteren »Blauen Maus«) und konnte bald – wie erwähnt – am Leuchtturm ein eigenes Haus, das spätere »Heide-Café«, errichten. »Krischen« war Briefträger bei der Post, wanderte dann 1953 alleine in die USA aus,

Das »Heide-Café« wie es nach der Erweiterung des kleinen Wohnhauses war

wo er in der Bronx in seinem Beruf als Tischler arbeitete, und kam im Herbst 1955 wieder nach Hause. Mit den verdienten Dollars wurde das kleine Haus erweitert und im Anbau am 1. Mai 1956 das »Heide-Café« eröffnet.

Agnes, seine Ehefrau, wurde am 17. Juni 1920 in Flensburg geboren. Ihre Eltern waren Helmut von der Weppen und Elisabeth geb. Meindock aus Süddorf. Der Vater war als »Signalgast« im 1. Weltkrieg auf dem Amrumer Leuchtturm stationiert und hatte dabei seine Frau kennengelernt. Die Ehe hatte jedoch keinen Bestand, und 1922 kam die Mutter mit 4 Kindern nach Amrum zurück, zur Mutter Guste Geane Meindock in Süddorf.

Als Agnes zur Schule kam, war sie die einzige, die – dank ihrer Beziehung zu Kindern der Heilstätte Satteldüne – deutsch konnte. Alle anderen Schulkinder sprachen bei der Einschulung ein munteres friesisch-deutsches Kauderwelsch. Da war es gut, daß wenigstens der Hauptlehrer Knudsen, aus Oevenum auf Föhr stammend, auch friesisch sprach.

Nach der Schulzeit half Agnes sommertags zu Hause der Mutter, die einen Mittagstisch eingerichtet hatte und bis zu 40 Gäste beköstigte, vor allem solche, die durch die Ferienorganisation KdF nach Süddorf gekommen waren. Von 1939 bis 1942 war Agnes als Verkäuferin in Berlin und wurde dann bis 1944 Nachrichtenhelferin bei der Wehrmacht im besetzten Paris. In dieser Eigenschaft konnte sie sozusagen auf dem »inoffiziellen« Dienstweg per

Fernschreiben ihren Heiratstermin mit Christian Nissen am 9. April 1944 organisieren. Nach der alliierten Invasion und dem Rückzug aus Frankreich wurde Agnes nach Amrum entlassen, hier aber noch dienstverpflichtet, um im Bahnhofshotel für auf Amrum stationierte Soldaten zu waschen.

Die weitere Lebensgeschichte, Heimkehr des Ehemannes, der Bau eines eigenen Wohnhauses am Leuchtturm und schließlich der Ausbau zum »Heide-Café«, sind schon erzählt.

Nach der Verpachtung des »Heide-Cafés« 1972 setzte sich das Ehepaar in Wittdün zur Ruhe. Hier war 1970 aus einer Zwangsversteigerung das Karl Dethlefsen gehörende Haus gekauft worden, mit einem einzigartigen Ausblick auf die hohen Dünen und einem großen Garten, der seine Fruchtbarkeit der Tatsache verdankt, daß hier früher die Wittdüner Müllgrube war. Heute ist der Garten Teil der Wittdüner Wildbahn. Fasane und anderes Getier tummeln sich unmittelbar vor dem Wohnstubenfenster.

Zwar wurde der Ruhestand vor reichlich zwanzig Jahren durch »Krischens« Kreislaufbeschwerden erzwungen, der aber trotz dreier Bypässe »frisch und fröhlich« lebt, mit Ehefrau Agnes ausgedehnte Spaziergänge macht und auch noch seine Hobbys, Jagd und Wassersport, pflegt, während sich Agnes mit der Herstellung von Gobelins und sonstiger Handarbeit beschäftigt. »Leider haben wir keine Enkelkinder«, sagt Agnes, aber Tochter Erika ist jeden Sommer lange zu Besuch. Und am 9. April 1994 wird goldene Hochzeit gefeiert. G. Q.

Else Jensen – 75

Heiraten zwischen Föhr und Amrum hat es in zurückliegenden Jahrhunderten oft gegeben. Sie waren und sind – neben etlichen anderen Fakten – eine der Ursachen für das enge Band zwischen diesen beiden landschaftlich so unterschiedlichen Inseln. Und fast immer sind Ehen zwischen Föhr und Amrum auch besonders gut geraten.

Auch Else Jensen stammt von der Nachbarinsel – aus Borgsum, wo sie am 23. Oktober 1918 als eines von 9 Kindern des Schmiedes Christoph Moltzen und seiner Frau Meta geb. Jacobs zur Welt kam.

Nach der Schulzeit in der Gotinger Schule half sie zunächst im Haushalt der Eltern, besuchte die Haushaltsschule in Boldixum, war ein Jahr bei der Schwester in Tondern und anschließend bei einem Bauern in Dunsum »Tu siinin«, zum Dienen, wie es damals üblich war. Dabei waren monatlich 25 Mark zu verdienen, in einer Zeit, als menschliche Arbeitskraft weniger zählte als das Material.

1936 kam Else Moltzen nach Amrum, in das Kinderheim Friedrichs in Nebel. Hier arbeitete sie im Sommer und wechselte im Winter, als das Kinderheim geschlossen hatte, über die Straße zur Bäckerei von Nautilius Schmidt, wo sie im Winter tätig war. Inzwischen aber hatte sie den Landwirt Theodor Jensen kennengelernt und zog nach der Heirat im Oktober 1937 in den Bauernhof der Familie, um Bäuerin zu werden, während sich die Schwiegereltern, Theodor Jensen und Wilhelmine, geb. Simons, im benachbarten Haus, das von der Lehrerin Ida Matzen gebaut worden war, zur Ruhe setzten. Für Else stellten sich nach der Heirat gleich große Aufgaben, zunächst in der Landwirtschaft, deren Mechanisierung noch in den Anfängen steckte, und die Pflege der Schwiegermutter, die 1940 einen Schlaganfall erlitt und bis zu ihrem Tod 1947 ein Pflegefall blieb. Der Schwiegervater starb 1952.

Aus den letzten Friedensjahren berichtete Else von den ersten Badegästen im Hause, die durch die Ferienorganisation »Kraft durch Freude« (KdF) vermittelt wurden, zwar nicht viel bezahlten, aber auch keine großen Ansprüche stellten. Weil in Nebel nur wenige Häuser eigens dazu eingerichtete Fremdenzimmer hatten, bedeutete die Vermietung damals, die eigenen Schlaf- und Wohnräume zur Verfügung zu stellen und während des Sommers in Stall oder Scheune ein Unterkommen zu finden.

Während des 2. Weltkrieges war der Ehemann Theodor bei der Wehrmacht, zuerst in Frankreich, dann in Rußland und auf der Krim, kehrte aber rechtzeitig vor den Russen über Ostpreußen und über die Ostsee in die Heimat zurück. Hier wurde er aus alliierter Gefangenschaft als Landwirt zwecks Förderung der Volksernährung bald nach Hause entlassen. Immer noch bestand die Landwirtschaft in der alten Form des vorwiegenden »Handbetriebes«. Der Bauernhof Jensen bewirtschaftete 25–30 ha, zählte 5–6 Kühe und 10–12 Jungtiere sowie 2 Pferde. Unbekannt war auch die heutige Monotonie. Ein »ordentlicher« Bauer baute neben der Viehhaltung sowohl Getreide, Kartoffeln und Rüben im bunten Felderwechsel an.

Vier Kinder wurden dem Ehepaar zwischen 1938 und 1950 geboren, und 1960 kam noch eine Nachzüglerin zur Welt.

Dann kam der Schreckenstag des 20. Oktobers 1965. Der Ehemann und Vater Theodor Jensen hatte auf dem Festlande einen neuen

Else Jensen

Theodor Jensen, verunglückt 1965

Trecker gekauft und fiel damit bei der Abfahrt von der »Amrum« auf der Steenodder Brücke ins Wasser. Dabei geriet er unter den Trecker und kam ums Leben, erst 55 Jahre alt. Da war es bei allem Unglück doch ein Glück, daß der 1947 geborene Sohn Boy nach Besuch der Landwirtschaftsschule Föhr sich im Praktikum auf einem Hof bei Rendsburg befand, sofort nach Hause kam, um die Landwirtschaft weiterzuführen, obwohl er erst 18 Jahre alt war.

Drei Jahre blieb Else noch auf dem Hof. Als Boy dann heiratete, zog Else aufs Altenteil im »Ida-Matzen-Haus«, wo sie unverändert wohnt.

Abgesehen von Reisen in die Schweiz und nach Österreich sowie einem Besuch der USA, wohin drei ihrer Brüder und drei Schwestern ausgewandert sind, ist Else immer zu Hause auf Amrum geblieben. Und die große Familie mit 5 Kindern, 12 Enkeln und 3 Urenkeln sorgt dafür, daß im Kreislauf des Jahres nicht weniger als 28 Termine mit Geburtstagen und sonstigen Familienfeiern wahrzunehmen sind. Und dann ist da auch noch der Kartenklub, der schon seit 50 Jahren besteht.

G. Q.

»Kalli« Claußen †

Nach langer, schwerer Krankheit starb am 27. Februar in Nebel der Bäckermeister Karl Claußen. Bäcker, Schmied, Pastor und Lehrer waren früher die dominierenden Persönlichkeiten im Dorfe, und diese Rolle hat auch »Kalli« in seinen Berufsjahren gespielt, obwohl der Anfang im Schatten und in der Konkurrenz zur Bäcker-Dynastie der Familie Schmidt nicht leicht war.

Karl Claußen wurde am 30. Mai 1920 in Zippelkoog bei Marne in Dithmarschen geboren und erlernte nach der Schulzeit in Marne von 1936–1939 den Bäckerberuf. Dann allerdings brach der 2. Weltkrieg aus, und »Kalli« kam an die Ostfront, wo er bei Leningrad in russische Gefangenschaft geriet. Erst 1948 kehrte er zurück und arbeitete in der Stadtbäckerei Marne, bis er im Jahre 1951 die Meisterprüfung ablegen konnte. Im gleichen Jahre heiratete er Inge Petersen aus Langenhorn und landete auf Föhr, in der Bäckerei Hinrichsen am Wyker Südstrand. Da bot sich Anfang 1952 die Chance, in Nebel auf Am-

rum die Bäckerei von Bernhard Hansen zu pachten, und »Kalli« griff zu. Es war aber ein schwieriges Beginnen. Wie schon erwähnt, gab es im Dorfe die Bäckerei von Nautilius bzw. Nickels Schmidt, bei der sozusagen fast alle Dorfbewohner traditionell Kunden waren. Aber 1952 steckte auch – nach Kriegs- und Nachkriegsnöten – der Fremdenverkehr in den Anfängen, und mit zunächst noch wenigen Gästen und einer kurzen Saison mußte soviel Geld verdient werden, daß es wenigstens durch den Winter reichte. Im Winter aber bezahlten nur wenige Kunden bar. Die Kunden ließen »anschreiben« und trugen erst im Laufe des Sommers ihre Schulden ab. Die Bäckerei Claußen hatte manchmal nur soviel Geld, daß es gerade zum Einkauf von Mehl beim Müller Hans Kristensen reichte. Um den Kundenkreis zu vergrößern, fuhr »Kalli« auch »über Land«, nach Süddorf, Steenodde und zum Leuchtturm, zunächst mit dem Taxi-Bus von Johannes Quedens, dann mit eigenem Auto, um Kuchen, Brot und Brötchen zu präsentieren. Auch die Bewohner des FKK-Zeltplatzes wurden durch tägliche Brötchenlieferung bald in den wachsenden Kundenkreis mit einbezogen.

1958 konnten Inge und »Kalli« die Bäckerei

»Kalli« Claußen

kaufen, aber es dauerte dann doch noch, ehe 1971 ein neues Wohnhaus neben der Bäckerei erbaut und die Schlafstube im alten Gebäude nun in die Erweiterung des Cafés mit einbezogen werden konnte.

Drei Kinder waren dem Ehepaar Claußen inzwischen geboren. Und dann starb im Jahre 1976 die Ehefrau und Mutter Inge, erst 49 Jahre alt! Mit Hilfe der herangewachsenen Kinder konnte der Betrieb weitergeführt werden – bis »Kalli« 1978 eine neue Ehefrau fand, die Hebamme Marret Ide.

Zum 1. Januar 1979 wurde die Bäckerei an den Sohn Uwe übergeben, der den Betrieb zu seinem heutigen Umfang erweiterte. Da war die Bäckerei Claußen aber schon längst die Nummer 1, ja die alleinige Bäckerei in der Gemeinde Nebel geworden, nachdem die Bäckerei Schmidt den Besitzer gewechselt hatte und vom Nachfolger verwirtschaftet worden war.

Bei seiner neuen Ehefrau Marret war »Kalli« nun in guten, mütterlichen Händen und konnte seinen Hobbys nachgehen. Dazu gehörten die Jagd und der Wassersport. Von seinem Ruhestand 1979 an bis zum Ausbruch seiner Krankheit 1992 war Karl Claußen Hafenmeister des Amrumer Yachtclubs und sorgte unermüdlich dafür, daß im und am Seglerhafen alles seine Ordnung hatte.

Neben Ehefrau, Kindern und Schwiegerkindern trauern fünf Enkel um den Verstorbenen.   G. Q.

Eva und Helmut Landsmann

Helmut Landsmann †

Er war Architekt, Städteplaner, Ehemann und Vater von fünf Kindern und Rufer in der Wüste. Am 28. August verstarb Helmut Landsmann und wurde in Hamburg beerdigt, in der Stadt, in der er nicht nur studiert hat, sondern zusammen mit seinem Freund Geert Rechtern nach der Rückkehr aus russischer Kriegsgefangenschaft ein anerkanntes Architektenbüro aufbaute. Noch heute zeugen etliche Bauten in der Hansestadt, insbesondere Hochbauten der Schulbehörde und größere Wohnanlagen, von seiner Leidenschaft für klare Linien und praktische Lösungen. In seinem Privathaus in Blankenese pflegten er und seine Frau Eva engen Kontakt zu Freunden aus Kunst und Politik. Horst Janssen, Norddeutschlands wohl bekanntester zeitgenössischer Zeichner, war der Familie eng verbunden, genauso wie bekannte Politiker des Hamburger Senats. Zwei schwere Sturmfluten setzten Hab und Gut der Familie unter Wasser und fügten dem Haus verheerende Schäden zu, welches 1973 endgültig verkauft wurde, um nach Amrum umzusiedeln.

Schon früh hatte Helmut Landsmann die Liebe zu dieser Insel entdeckt. Bereits 1953 erwarb er zusammen mit Geert Rechtern die kleine Süddorfer Mühle – damals ein heruntergekommenes und reichlich verfallenes Gemäuer. In den Ferien und an den Wochenenden restaurierten beide mit architektonischem Feingefühl das Gebäude, welches heute neben der Nebeler Mühle zu einem markanten Punkt in der Amrumer Skyline geworden ist und mittlerweile unter Denkmalschutz steht. Aber die Süddorfer Mühle blieb nicht das einzige kulturhistorisch interessante Projekt, welches Helmut Landsmann der Insel erhalten hat. Anfang der 70er Jahre kaufte das Ehepaar das ehemalige Haus des Kapitäns Korsemann im Nebeler Waaswai. Architektonisches Können und historisch sensibles Verständnis für Denkmalpflege bewahrten das schöne Friesenhaus davor, wie so viele andere alte Nebeler Häuser für Fremdenverkehrsbelange umfunktioniert und damit auch kaputtsaniert zu werden. Die altertümliche Atmosphäre des Hauses mit Seefahrerstube und der alten Küche wurde von Landsmann durch die Zeit gerettet und für die Nachwelt erhalten. Als feststand, daß man wegen des hohen Alters das Haus abgeben mußte, sorgte er dafür, daß es in »Inselhand« blieb und verkaufte es an den Öömrang Ferian, der daraus ein Heimatmusum machen möchte.

Aber auch auf politischem Gebiet hat sich Helmut Landsmann auf der Insel verdient gemacht. Der von ihm entwickelte Verkehrsplan für die Beruhigung der Amrumer Ortskerne hat sogar international Furore gemacht und ist in Standardwerke der Verkehrswissenschaft als intelligenter Lösungsansatz in Tourismusorten abgedruckt. Wie so oft im Leben gilt jedoch der Prophet im eigenen Lande recht wenig, und die Umsetzung des vielbeachteten Planes in Nebel scheiterte daran, daß zukunftsorientierte Planung nicht Hochkonjunktur hat. Ähnliche Erfahrungen mußte der gelernte Städteplaner – und damit Fachmann – auch während seines kommunalpolitischen Engagementes als Nebeler Gemeinderat machen. Seine erfolgreichen Bemühungen, den historischen Ortskern in das Städtebauförderungsprogramm der Bundesregierung zu bekommen, wurden vom Nebeler Gemeinderat und Bauausschuß gekippt. Wie so viele engagierte Amrumer »Querdenker« zog er sich daraufhin ganz ins Private zurück und griff nur noch einmal – hinter den Kulissen – in das Dorfgeschehen ein, als das heutige Haus des Gastes für die Nebeler Kurverwaltung erworben wurde. Durch Erfahrungen klug geworden, sorgte er dafür, daß andere die Idee bekamen, das alte Ide-Sanatorium zu kaufen – sicherlich ein großer Verdienst auch von Helmut Landsmann. Sein Name wird auch weiterhin in vieler Munde sein: Das »Landsmannhaus« soll Heimatmuseum werden, und die ungelösten Nebeler Verkehrsprobleme sorgen dafür, daß sporadisch sich jemand auf die »Landsmannpläne« besinnt. Schade, daß dieser Mann, der für die Insel sehr viel getan hat, die Insel verlassen mußte. Bis zuletzt hatte er gehofft, hier seinen Lebensabend in den geplanten Alten- und Pflegewohnungen im geplanten Sozialzentrum verbringen zu dürfen. Den Weg ins Hamburger Altersheim ist er nicht mitgegangen: Er verstarb im Husumer Krankenhaus unmittelbar vor seiner Übersiedlung in die Hansestadt.

- kim -

Aus der Inselgeschichte

Vor hundert Jahren:
Mit der Bahn zum Badestrand

Es ist wohl eher ein geschichtlicher Zufall als eine bekannte Tatsache, daß sich die zuständigen Gremien der Gemeinde Wittdün mit den Verhältnissen und der zukünftigen Entwicklung des Badestrandes zu befassen haben – genau einhundert Jahre nachdem diese Problematik ebenfalls auf der Tagesordnung im damals jungen Nordseebad Wittdün stand und auf eine bemerkenswerte, ja originelle Weise gelöst wurde.

Wittdün, 1889/90 auf der seinerzeit unbewohnten Amrumer Südspitze gleichen Namens als Badeort gegründet, setzte unter Leitung des Direktors der »Aktiengesellschaft Wittdün-Amrum« (AGWA), Heinrich Andresen, mit seinen noblen Hotels und Logierhäusern sowie den Schiffsverbindungen und einer geschickten Werbung zu einem Höhenflug an und war drauf und dran, Westerland auf Sylt den Ruf streitig zu machen. Aber der Wittdüner Badestrand hatte einen unübersehbaren Mangel: Der Strand lag bei Ebbe trocken und bei Flutzeit war das Wasser nicht gerade tief. Infolgedessen war die Brandung mäßig und wurde zusätzlich gehemmt durch den vorgelagerten Kniepsand. Aus diesen Gründen hatte Pastor Bodelschwingh auf die Badekonzession für Wittdün verzichtet und sich dem Norden der Insel zugewandt. Denn *das* Kriterium eines Badeortes war damals »ein kräftiger Wellenschlag«, propagiert auch von den Badeärzten. Und da hatte Westerland wieder die Nase vorn.

Um diesem Manko abzuhelfen, faßte die Badedirektion einen kühnen Entschluß – den Bau einer Badeanlage draußen am Kniep und die Einrichtung einer Bahnverbindung dorthin. Geplant, getan! Nach der Beschlußfassung am 2. Februar 1893 erhielt das Berliner Stahlbahnwerk Freudenstein & Co. den Auftrag, für eine Summe von 56 000 Mark den Bau auszuführen, wobei sich das Unternehmen verpflichtete, die Bahn bis zum 15. Mai betriebsfertig zu übergeben. Im März 1893 unterschrieb auch der Regierungspräsident der Provinz Schleswig-Holstein die Konzession für die Anlage einer Dampfspurbahn zum Kniepsande, ausgehend vom geplanten Bahnhof am Strande unter dem Kurhaus bis zum Kniepsandstrand mit einer Länge von reichlich 4 Kilometern.

Die Bauausführung erfolgte – wohl aus Zeit- und Kostengründen – auf einfachste Weise. Ausgehend vom »Bahnhof« neben dem Warmbadehaus wurden die Schienen einfach auf Stahlschwellen auf den Strand oberhalb der Hochwasserlinie verlegt, so daß keine aufwendigen Erdarbeiten nötig waren. Der Bau verzögerte sich jedoch, weil die Schienen aus Antwerpen kommen mußten und dann, nach Fertigstellung der Bahnanlagen, die Aufsichtsbehörden Schwierigkeiten mit der Betriebsgenehmigung machten. Diese konnte, nach Erfüllung der geforderten Auflagen, erst im September 1893 erteilt werden, wobei aber davon auszugehen ist, daß die Bahn während der Saison bereits in Betrieb war und die Wittdüner Badegäste nach regelmäßigem Fahrplan von morgens 6 Uhr bis abends 7 Uhr zum Kniepsandstrand beförderte.

Problematischer war aber die Auseinandersetzung mit der Natur. Heute, in der Rückschau, wundert man sich über den Leichtsinn, am Strand eine derart kostspielige Anlage zu errichten. Und die Rache des »Blanken Hans« auf die Herausforderung seitens der Technik

Mit der Bahn direkt zum Baden: Von 1893 bis 1939 für Wittdüner Badegäste kein Problem

ließ auch nicht auf sich warten. Sturmfluten im Winterhalbjahr 1893/94 stiegen hoch über den Kniep und griffen den Dünenwall an. Der »Bahnhof«, ein großer Holzschuppen, wurde beschädigt und die Lokomotive fiel ins Wasser. Schienen und Schwellen der Kniepsandspur wurden auseinandergerissen und lagen verstreut auf dem Strande. Mit einem Kostenaufwand von über 26 000 Mark mußte die Trasse bis zur Saison 1894 neu erstellt werden, wobei man die Schienen aber auf ein Balkengerüst etwa einen halben Meter hoch über Bodenhöhe legte. Aber auch in dieser Form hatte die Trasse keinen Bestand. Nachfolgende Sturmfluten erforderten immer wieder umfangreiche Reparaturen und eine Verstärkung des Unterbaues, so daß die Kosten der Kniepsandbahn von den ursprünglichen

56 000 Mark bis 1897 auf rund 121 000 Mark anstiegen. Man darf wohl sagen, daß hier mit immer stärkeren Pfählen auf dem Kniepsand zugleich auch die ersten Sargnägel der Wittdüner Aktiengesellschaft (seit 1895, nach Übernahme des Kurhauses Satteldüne unter dem Namen »Aktiengesellschaft Nordseebäder Wittdün und Satteldüne«) eingeschlagen wurden.

Während so die Bahn zu den Badeanlagen, Strandhalle mit Damen- und Herrenbad auf Kniepsand, ständig gegen Natur und Nordsee verteidigt werden mußte, kamen neue Schwierigkeiten von ganz anderer Seite. Die Bahn, zunächst vom Wittdüner Badepublikum als Fortschritt begrüßt, kam nun als Störenfaktor in die Diskussion, auch in überregionalen Zeitschriften und Zeitungen.

Die originelle Inselbahn auf der Fahrt über den Kniepsand

Nichts aber war für das Gedeihen eines See-
bades gefährlicher als eine schlechte Presse.
Der Grund des Dilemmas: die Bahnschiene
querte den Wittdüner Strand unterhalb der
Hotels, zerschnitt diesen in zwei Teile und
sorgte für Unruhe und Gefahr.
Der Direktor des Seebades Wittdün, Heinrich
Andresen, beschloß deshalb, die hölzerne
Strandpromenade (sogen. Wandelbahn) am
Wittdüner Südstrand bis ganz nach Wriak-
hörn zu verlängern und dort einen neuen
Ausgangspunkt für die Bahn zu den Badean-
lagen auf Kniepsand einzurichten. Damit ver-
schwand der störende Bahnbetrieb vom Witt-
düner Südstrand. Und um wenigstens einen
Teil der Bahnstrecke gegen Sturmfluten zu
schützen, wurde der neue »Bahnhof« mit
Wagenremise, Kohlenschuppen und Warte-

halle hinter die erste Dünenkette gelegt (wo
noch heute Bautrümmer der damaligen Anlage zu finden sind).
Die Verlagerung der Bahn so weit außerhalb
des Ortes war aber eine erneute Fehlplanung.
Nun betrug der Anmarsch vom »Kurhaus«
auf der Südspitze bis zur Bahnstation Wriakhörn fast 2,5 Kilometer, und da lohnte es sich
kaum noch für die restliche Strecke von
knapp anderthalb Kilometern auf die Bahn zu
warten, obwohl die bisher stündlichen Ab-
fahrtszeiten auf eine halbe Stunde reduziert
wurden. Das Murren der Kurgäste war derart
nachdrücklich, daß schon im Jahre 1901 eine
abermalige Neueinrichtung der Bahnspur
von Wittdün zum Kniepsandbad erfolgen
mußte, diesmal jedoch mit wesentlich höhe-
rem finanziellen Aufwand. Die Bahnschiene

Badekabinen auf dem Wittdüner Kniep. Bei drohender Sturmflut konnten sie mit der Bahn schnell an Land gezogen werden

wurde nun, ausgehend vom »Kurhaus« bzw. von der Wittdüner Brücke, auf die Hauptstraße von Wittdün gelegt und führte westlich des Ortes (wo die geräumige Lokomotiv- und Waggonhalle mit Reparaturwerkstatt lag) durch die Dünen bis Wriakhörn und von dort auf der bisherigen Strecke zum Kniepsandbad. Im Dünenbereich waren umfangreiche Erdbewegungen und Grant- und Kiesaufschüttungen für den Unterbau der Bahn notwendig – und es muß wiederholt werden, daß die »Aktiengesellschaft Nordseebäder Wittdün und Satteldüne« nicht zuletzt an diesen fragwürdigen und überhastet geplanten Aufwendungen schließlich konkurs gegangen ist. Denn auch die genannte Dünenstrecke hatte keinen langen Bestand. Als nämlich zur gleichen Zeit, in den Jahren 1900/01, die für Amrum bzw. für Wittdün wichtigste Seebäderlinie, die »Nordseelinie« (ab 1905 HAPAG) von Wittdün nach Hörnum-Sylt verlegt wurde, ging es darum, auf kürzestem Wege eine Anschlußverbindung einzurichten. Dies geschah im Jahre 1901 durch den Ausbau der ursprünglichen Wittdüner Kniepsandbahn zur »Inselbahn« über das Kurhaus Sat-

teldüne und Nebel bis Norddorf, wo eine Brücke gebaut und eine Zwischenlinie nach Hörnum eingerichtet wurde.

Die neue Strecke der »Inselbahn« bedingte nun aber auch eine abermalige Umdisponierung der Nebenstrecke zum Kniepsandbad, die jedoch nicht mehr unter Regie der Wittdüner Aktiengesellschaft erfolgte. Diese war im Jahre 1906 konkurs gegangen, und neuer Besitzer der »Inselbahn« wurden die »Elektrizitätswerke Wittdün GmbH«, vertreten durch die Fa. Fell und den Konsul Jung aus Düsseldorf. Diese stellten den Bahnbetrieb von Dampf auf Elektrik um, und bald fuhr eine elektrische Bahn durch die Insel, durch Dünen und Heide und über den Kniepsand direkt bis zum Meer – eine wohl einmalige Erscheinung! Über die Stromleitung der Bahn erfolgte gleichzeitig die Versorgung von Nebel und Norddorf mit Strom.

Die neue Strecke zum Kniepsande wurde im Jahre 1908/09 nördlich vom Leuchtturm mit einem Abzweiger auf relativ kurzem Wege durch die Dünen bis zum Strand und von dort – wie bisher auf einem Ständerunterbau – zu den Badeanlagen auf Kniepsand weitergeführt. Und diese Strecke blieb bis zum Ende der Inselbahn 1939 bestehen, ungeändert der Tatsache, daß die Bahn 1921 wieder auf Dampfbetrieb umgestellt wurde und weitere Konkurse und Besitzwechsel erfolgt waren. Nach Zerstörung der Strandhalle durch eine große Sturmflut im November 1911 sowie nach Aufhebung des getrennten Damen- und Herrenbades wurden die Badekabinen fahrbar auf den Endpunkt der Schiene gestellt und konnten bei drohender Sturmflut bzw. am Ende der Saison von der Bahn abgezogen werden.

Das Ende der Inselbahn im Jahre 1939 bedingte auch das Ende der Badeanlagen auf dem Wittdüner Kniepsand. Geblieben ist – neben einigen dann und wann auf dem Kniep wieder auftauchende Balken – das Phänomen, daß Wittdüner Kurgäste vor hundert Jahren über eine Strecke von etwa 4 Kilometern zum Strande fahren konnten und heute, ungeachtet des inzwischen eingetretenen Verkehrsfortschrittes, laufen müssen.

Nachdem die Kniepsandbucht über lange Zeit unverändert blieb und wenigstens in den Stunden um die Hochwasserzeit genügend Badewassertiefe hatte, schiebt sich nun der Kniepsand in breiter Front über die Bucht gegen Wittdün hin. Dies wird hinsichtlich des Küstenschutzes die Verhältnisse am Wittdüner Südstrand bedeutend verbessern und – wenn die Entwicklung so weitergeht – in absehbaren Jahren Wittdün den breitesten aller Strände bescheren, den ein Seebad vorzuweisen hat. Die Frage ist nur, ob die Breite nicht zu breit wird. Zum Weststrande am Kniep sind es von der Südspitze an gerechnet über 4 Kilometer, in Richtung »Kapitän« immerhin auch noch anderthalb Kilometer. Am nahesten liegt dann in südöstlicher Richtung die Norderaue, die rund um die Uhr genügende Wassertiefe, allerdings auch eine selbst für Schwimmer nicht unbedenkliche Strömung aufweist.

Sicher ist auch, daß es keine Eisenbahn mehr geben wird, egal wohin. Aber vielleicht findet sich ein Unternehmer mit Pferdefuhrwerk, der für eine attraktive und originelle Beförderung Wittdüner Badegäste zum Badestrand sorgt?   G. Q.

Fahrplan

der

Dampfspurbahn nach Kniepsand u. zurück.

Abfahrt von Wittdün.

6 Uhr Vormittags	
7 „	„
8 „	„
9 „	„
10 „	„
11 „	„
12 „	„
2½ Uhr Nachmittags	
4 „	„
5 „	„
6 „	„
7 „	„

Das Haus Nr. 11 in Norddorf am »Ual Saarepswai«, originalgetreu renoviert

Friesenhäuser in neuem Gewand

Daß Friesenhäuser nicht abgebrochen werden müssen, sondern auch unter Bewahrung des originalen Bildes restaurierbar sind, dafür ist das Haus Nr. 11 (nach dem alten Brandkassen- und Steuerregister) im Uasteranj von Norddorf ein Beispiel. Eigentümer des Hauses ist Dr. Eberhard Schneider aus Bochum, der zusammen mit seiner Schwester das Haus nach dem Tode von Henni Peters geb. Schuldt von der Besitzerin Luise Hannemann geb. Schuldt (einer Schwester von Henni) erworben hat. Renoviert wurde das Haus vom hiesigen Architekten Theodor Kölzow (»Theo Heini«) aus Westerheide, der in vorbildlicher Weise schon etliche Friesenhäuser

auf Amrum vor dem Abriß bewahren konnte.

Die Bewohnerfolge läßt sich bis in die Zeit um 1787 zurückverfolgen. Um diese Zeit wohnte hier das Ehepaar Wögen Jürgen Voß, nach dem Tode seiner ersten Frau Tadt Jung Sönken in zweiter Ehe verheiratet mit Thur Nickelsen. Aber noch vor 1800 zog das Ehepaar mit zwei Töchtern nach Nebel in das Haus Nr. 5.

Als im Zusammenhang mit der Aufhebung der Feldgemeinschaft die ersten Karten der Inseldörfer mit den Namen der Hauseigentümer entstanden, nennt die Namensliste als neue Bewohner des Hauses Nr. 11 den Zimmermann Peter Nickelsen (1772–1822), der aber kein Land besitzt. Er ist verheiratet mit Thor Peters (1779–1811), und das Ehepaar hat 6 Kinder mit dem patronymischen Stammnamen Peters(en). Peter Nickelsen wird auch Peter Nelkes genannt.

Von den Kindern hat aber niemand das Elternhaus übernommen. Das »Haus- und Stavenprotokoll« des Jahres 1826 nennt als Bewohner das Ehepaar Nickels Knudten (1787–1835) und Botilla, Oluf Bohns Tochter (1788–1851). Nickels ist ein Sohn des damaligen Bauernvogtes Knudt Girres (Haus Nr. 1, heute »Ual Öömrang Wiartshüs«). Das Ehepaar hat 7 Kinder, die der patronymischen Namensfolge zunächst den Stammnamen Nickelsen erhalten. 1826 wurde diese uralte Namensregel jedoch aufgehoben, und so erhielt der 1830 als letztes Kind geborene Sohn Oluf Diedrich den väterlichen Stammnamen Knudten. Nickels Knudten war Seefahrer, Austernfischer und Landwirt. Nach dem Tode des Ehemannes und Vaters lebte Botilla noch bis zu ihrem Tod im Hause und nährte sich »von Tagelohn und Handarbeit«, wie es in Volkszählungslisten jener Jahre heißt.

Dann zog Anfang der 1850er Jahre die Tochter Kreske Nickelsen (1826–1893), seit 1851 verheiratet mit dem Matrosen Martin C. Bonnichsen aus Klanxbüll, in das Elternhaus. Das Ehepaar hatte 5 Kinder. Aber das Jüngste war nur ein Jahr alt, als der Vater am 17. Juni 1863 in Tönning ertrank, vermutlich durch einen Sturz in den Hafen. Über die Mutter heißt es dann, daß »sie nach dem Tode ihres Mannes mit aufopfernder Liebe für die Versorgung ihrer Kinder arbeitete«. Und das wird kein leichtes Los gewesen sein, durch Tagelohn fünf Kinder zu ernähren.

Von den Kindern des Ehepaares Bonnichsen hat niemand die Nachfolge im Elternhaus angetreten. Um 1880 hat das Haus wieder ganz neue Bewohner gefunden – den Klempner und späteren Vogelkojenmann Cornelius Wilhelm Peters (1836–1892), in erster Ehe 1863 verheiratet mit Johanna Jansen, in zwei-

ter Ehe 1888 mit Charlotte Petersen. Mit seiner ersten Frau hatte Cornelius 8 Kinder, von denen 6 die Eltern überlebten. Cornelius und Johanna (1840–1886) sind die Stammeltern der heute noch weitverzweigten Peters-Familie auf Amrum, Föhr, Sylt, Kiel und andernorts.

Die zweite Ehe blieb kinderlos. Nach dem Tode von Cornelius heiratete Charlotte (1860–1913) den Kapitän Peter Nickel Johannen und hatte mit ihm noch drei Kinder.

Das damals kleine Haus hat dann wieder etliche Jahre leer gestanden, ehe es abermals neue Besitzer erhielt. Hermann Andresen, geboren 1867 auf Hallig Langeneß, und Henriette geb. Bork, geboren 1872 in Norddorf, kauften das Haus, das bedeutend vergrößert und auch im Inneren erneuert wurde. Hermann und Henriette hatten zwei Kinder, die 1892 geborene Tochter Helene Nomine, verheiratet mit Christian Schuldt, und den 1893 geborenen Sohn Peter Emil. Der Sohn war nach dem Besuch der Präparandenanstalt in Tondern angehender Lehrer, als ihn der 1. Weltkrieg »zu den Fahnen« rief. Als Oberleutnant und Träger des Eisernen Kreuzes wurde er in Belgien verwundet und starb am 25. September 1918 im Gefolge einer Operation und Beinamputation. Er war verlobt mit Dorothea Luise Jürgensen aus Nebel, die ihn im Lazarett besuchen wollte, aber nicht mehr erreichte. Dorothea starb knapp vier Wochen später, zusammen mit ihrer Mutter Catharina Jürgensen, an Lungenentzündung, und beide wurden am 20. Oktober 1918 auf dem St.-Clemens-Friedhof begraben, am gleichen Tage, als in der Kirche die Gedächtnisfeier für den im Felde gebliebenen Peter Emil Andresen, begraben in Lille, gehalten wurde.

Hermann und »Rettje« haben noch lange in ihrem Hause gelebt. Hermann war ein rechter Naturmensch, oft als Strandgänger und Eiersammler unterwegs, aber auch frühmorgens am Flutsaum des Wattufers, wo er nach angeschossenen Wildgänsen und Wildenten suchte, die von nächtlich jagenden Jägern nicht gefunden worden waren. Hermann starb 1955, »Rettje« 1959.

Die Tochter Helene hatte, wie erwähnt, den Bergwerkbetriebsleiter Christian Schuldt geheiratet, der etliche Jahre in Gelsenkirchen-Buer wirkte und dort nebst seinen Brüdern auch anderen Amrumer Landsleuten in schwierigen Zeiten zu einer Arbeitsstelle verhalf. Es gab dort in den 1920er Jahren sogar einen Friesenverein.

Christian Schuldt (1886–1963) und Helene (1892–1968) hatten zwei Töchter, Henni und Luise.

Als Hermann und Henriette Andresen 1955 bzw. 1959 starben, kehrte das Ehepaar Schuldt nach Amrum zurück und wohnte bis zum Ableben im Elternhaus. Dann folgte die Tochter Henny, deren Mann Gustav Peters im 2. Weltkrieg gefallen war. Henni hatte jedoch nur das Wohnrecht. Das Haus hatte die Schwester Luise, verheiratete Hannemann, geerbt, die es dann an die Geschwister Schneider aus Bochum verkaufte, nachdem Henni 1990 gestorben war.

G. Q.

Haus Nr. 11 in Nebel

Praktisch abgebrochen und grunderneuert wurde das Haus Nr. 11 (im alten Brandkassenregister) im Söderjaat in Nebel. Dieses Haus ist noch heute im Volksmund als »Svennen-Hüs« bekannt, warum werden wir später erfahren.

In der zweiten Hälfte des 18. Jahrhunderts lebte in diesem Hause das Ehepaar Hinrich Hark Quedens und Frau Inge, eine Tochter von Volkert Flor. Hinrich Hark wurde 1733 in Oldsum auf Föhr geboren, kam 1734 mit seinen Eltern nach Amrum und wohnte als Kind in dem damals einzigen Haus auf Steenodde, wo sein Vater Georg Hinrich Quedens als Zollbevollmächtigter amtierte.

Hinrich Hark Quedens und Frau Inge (geboren 1739) hatten vier Kinder, darunter drei Söhne, die Stammväter heutiger Quedensfamilien in Deutschland und Amerika wurden. Volkert Hinrich (geb. 1769) begründete die Geschichte machende Strandvogt-Dynastie, die auf Steenodde, in Süddorf und Wittdün wohnte. Der zweite Sohn Georg Hinrich (geb. 1775) war Grönland-Commandeur, verheiratet mit Thur, Nahmens Peters Tochter. Gemälde des Commandeures und seines

Sohnes Hinrich Georg (geb. 1799) hängen noch heute bei den Nachkommen, in der Stube von Regina Butrico-Hansen in Nebel. Auch Georg Hinrich und Thur wurden mit ihren 7 Kindern Stammeltern zahlreicher Familien, darunter der Quedens-Linien auf Westerlandföhr und in Hamburg.

Auch der dritte Sohn, Hinrich Hark (geb. 1779) machte Inselgeschichte. Er war Strand- und Bauernvogt in Norddorf, zuerst verheiratet mit Marret, einer Tochter des langjährigen Holland-Kapitänes Lorenz Harken und einer Enkelin des legendären Hark Olufs. Die Ehe wurde aber wegen Untreue der Frau geschieden, damals ein fast unerhörter Vorgang. In zweiter Ehe heiratete Hinrich Hark die Tochter Wehn von Nahmen Peters. Er starb 1849 infolge eines Schrotschußes, den ein Strandgänger in das Reetdach seines Hauses in Norddorf (heute Pension Freddy Flor) feuerte.

Am 19. August 1799 verunglückte der oben genannte Stammvater Hinrich Hark Quedens samt Leutnant Faber und Wögen Knudtens Frau im Sturm unweit vom Nieblumer Strand. Ein weiterer Passagier, Nahmen N.

142

Nickelsen kletterte auf das gekenterte Schiff und wurde gerettet. Er ist dann aber doch später bei Vlissingen ertrunken.

Für das Jahr 1801 meldet das Einwohnerverzeichnis im Hause Nr. 11 den 1779 geborenen Sohn Hinrich Hark Quedens nebst Ehefrau Marret, Lorenz Harkens Tochter, als Bewohner des Hauses. Das Ehepaar treibt »Ackerbau auf ein Pferd«, für damalige Amrumer Verhältnisse eine größere Landwirtschaft. Erst später, vielleicht nach dem Ehebruch seiner Frau, ist Hinrich Hark dann nach Norddorf gezogen.

Als nächsten Bewohner und Besitzer des Hauses meldet das »Haus- und Stavenprotokoll« im Jahre 1826 den Kapitän Peter Brodersen. Das Haus ist mit 12 Fach ein großes Haus und hat einen Brandversicherungswert von 1600 MC. Peter Brodersen hat derzeit auch den gegenüberliegenden Staven mit dem ärmlichen Häuschen von Daniel Olufs Witwe Ing erworben (heute Ferienhäuschen Werner Heinemann).

Peter Brodersen (1770–1841) war Kapitän in Kopenhagen und führte das Handelsschiff »Den Drag« (Gemälde im Seefahrtsmuseum Schloß Kronborg, Helsingör). In der Zeit des englisch-dänischen Krieges von 1807 bis 1814 war er Leiter der Amrumer Küstenmiliz und wehrte erfolgreich einen Landungsversuch der Engländer am Süderkniep ab, wofür er den Danebrog-Orden erhielt. Peter Brodersen war verheiratet mit Ingke, einer Tochter von Boy Quedens (1772–1826), und hatte mit ihr einen Sohn, nach dem Großvater Boy genannt. Aber der Sohn wurde kaum vier Jahre alt. Der Grabstein des Ehepaares ist noch heute am Friedhofswall rechts des Eingangs vorhanden.

Nach dem Tode der Ehefrau nahm Peter Brodersen die 1790 auf Föhr geborene Ingke Girres als Haushälterin ins Haus. Und als weitere Bewohner meldete das Einwohnerverzeichnis von 1834 Mattie Schwennen und als »Mündling« den 17jährigen Knudt Martinen, der Seefahrer ist. Später kommt noch der junge Philip N. Quedens dazu.

Nach dem Tode von Peter Brodersen, der von Jugend auf anstrebte, »auf ihm eigene musterhafte Wirksamkeit der Mitwelt nützlich zu sein«, wie es der Grabstein erzählt, wurde das Haus vom Ehepaar Knudt Sönken und Frau Louise E. Tribaut übernommen. Die Ehefrau war katholisch und stammte aus New Orleans, wo sie 1810 geboren und in erster Ehe mit einem Brown verheiratet war. Das Ehepaar blieb kinderlos und kam dann am 16. September 1875 auf dramatische Weise gemeinsam ums Leben. Die Ehefrau hatte in einem Kupferkessel Obst eingekocht und aufbewahrt. Durch eine entsprechende Reaktion war das Obst giftig geworden, so daß beide kurz nacheinander starben und in einem Grab beerdigt wurden.

Und nun erhielt das Haus durch seinen neuen Bewohner und Eigentümer den Namen »Svennen Hüs«, nämlich durch den aus Jütland eingewanderten Schornsteinfeger und Tagelöhner Sven Lauridsen. Geboren 1818 in Worgod bei Ringköbing und dort verheiratet mit Johanne Andresen, kam er als geschiedener Mann nach Amrum, heiratet in zweiter Ehe 1856 Caroline Meinerts (1822–1866) und 1877 in dritter Ehe die Witwe Göntje geb. Ketels, geschiedene Quedens. Göntje, geboren 1815, hatte 1832 den Kapitän Andreas Quedens geheiratet und mit ihm 3 Kinder. Aber dann entdeckte der von einer Seefahrt zurückgekehrte Kapitän, daß ihm die Ehefrau und Mutter seiner Kinder untreu geworden und außerehelich zwei Kinder geboren hatte. Die Ehe wurde geschieden. Eine Ehescheidung war damals ein langwieriges Verfahren, auch bei eindeutiger Lage, und bedurfte eines sogenannten »Dispens« des dänischen Königs.

Die Ehe zwischen Göntje und Sven Lauridsen war eine typische »Alters- und Versorgungsehe« und blieb angesichts des schon fortgeschrittenen Lebensalters beider natürlich kinderlos. Göntje starb 1888, Sven 1897.

Aber aus der Ehe mit Caroline Meinerts

Das Haus Nr. 11 im Söderjaat von Nebel, von einem Maler in seiner ursprünglichen Form zu Bilde gebracht

stammten zwei Kinder, der 1856 geborene Leonhard und die 1859 geborene Christine. Und dann war da noch der 1849 unehelich geborene Sohn von Caroline, Georg Wilhelm Meinerts, der später als Farmer im Westen der USA lebte. Auch der gemeinsame Sohn Leonhard wanderte nach Amerika aus, wo er 1891 in New York die aus Keitum stammende Ingeline Andresen heiratete.

Tochter Christine aber blieb auf Amrum und wurde 1883 die Ehefrau des Blankeneser Fischers Johannes Hinrich Schuldt (1854–1921). Johannes und Christine hatten 9 Kinder, »welche zusammen mit der Mutter alle den Vater überlebten. Der Vater starb ganz plötzlich an Herzschlag in Boldixum, wo er eines der Kinder besuchte«, steht im Kirchenbuch über den Tod des Vaters. Christine starb 1925. Diese 9 Kinder, darunter 7 Söhne, sind die Stammväter der heutigen Familien Schuldt, die in Norddorf (Heinrich, Christian, Leonhard und Johannes) und in Nebel (Peter) ansässig wurden.

Im Jahre 1934 folgte ein neuer Besitzwechsel. Der aus Goting gebürtige Bernhard Tadsen (1903–1986), verheiratet mit Johanne geb. Jessen (1903–1985) aus Nebel, kam als Agent der HAPAG nach Amrum und kaufte das »Svennen-Hüs«. Bernhard hatte – noch auf klassischer Seefahrt auf Segelschiffen und Dampfern – fast alle Küsten der Welt erlebt, suchte dann aber doch eine Lebensgrundlage in der Heimat. Auch Johanne war der Seefahrt indirekt verbunden. Ihr Vater, Carl Jessen, war jahrelang Kapitän auf Segelschiffen der Hamburger Reederei Laeisz.

»Benje« und »Hanne« hatten vier Söhne, Harry 1928, Bandix 1934, seit 1961 in den USA und dort mit einer Amerikanerin verheiratet, Erk 1939 und Bernhard 1941. Dieser jüngste Sohn hat jetzt in der Nachfolge das Elternhaus übernommen und durch Abbruch und Renovierung zu einem stattlichen Friesenhaus erneuert.

G. Q.

144

Das Zollwesen zu Wasser und zu Lande

Zöllner werden schon in der Bibel genannt und sind dort nicht gerade beliebt – genausowenig wie andere obrigkeitliche Geldeinnehmer.

Auch auf Amrum hat der Zoll eine jahrhundertelange Tradition. So berichtet Pastor David Monrad, Pastor auf Amrum von 1681 bis zu seinem Tode 1694, in seinen Randbemerkungen im »Missale«, daß »Anno 1682 auf diesem Lande eine Königliche Zolle verordnet ist, daß alle trafiquierenden Schiff allhier anlanden und Zollen sollen. Der erste Zollverwalter war Herr Jesper Outzen auf List (Sylt). Ihm folgte sein Bruder Hans Outzen«. Aber mit einiger Erleichterung kann Pastor Monrad schon zwei Jahre später vermelden: »Anno 1684 ist die Zolle wieder abgeschafft, worüber dieses arme Land, das ansonsten viele arme Leute hat, die auf See ihr Brot suchen, nicht geweinet hat.«

Nach dem Sylter Chronisten Christian Peter Hansen wurde die oben genannte Zollstation auf List schon 1681 durch König Christian V. eingerichtet, »zum großen Verdruß der die Lister Tiefe und Rhede (des Könighafens) benutzenden Schiffer und Handelsleute. Jedoch im Jahre 1694 wurde dieselbe nach Hoyer verlegt«.

Daß der Zoll als landesherrliche Einnahmequelle aber auch schon vorher und nachher eine Rolle spielte, beweist die Tatsache, daß der auf Amrum von Anno 1574 bis 1629 amtierende Pastor Tycho Frödden (auch Frudson geschrieben und auf Amrum Her Tago genannt) Sohn eines Sylter Z o l l verwalters war.

Und aus dem Jahre 1689 berichtet der erwähnte Pastor David Monrad ungeachtet der auf Amrum 1684 wieder abgeschafften Zollstation, daß »Ao. 1689 eine Königliche Jacht mit 6 und mit 7 Mann anhero angekommen, um die Kgl. Zolle einzutreiben«, womit möglicherweise aber auch Steuerzahlungen gemeint sein können.

List ist offenbar zunächst die Hauptstation des Zollwesens auf den »Westseeinseln« (wie in dänischer Zeit die heutigen nordfriesischen Inseln allgemein genannt wurden) gewesen, Amrum nur eine Nebenstelle. So stellt sich die Situation auch Jahrzehnte später dar, als die Zollstation erneut eingerichtet wird. Auf Steenodde wurde Anno 1721 ein erstes Haus zu diesem Zweck errichtet, und erster Zollverwalter war ein Monsg. Friedebeck als Bevollmächtigter des Wohlbestallten Königlichen Zollverwalters Carl Roeder von List und Amrum. Diesen Zusammenhang erhellt eine Eintragung im Thingprotokoll (Kopien

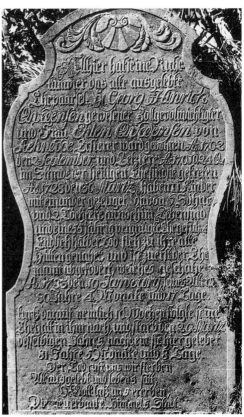

Grabstein von Georg Hinrich Quedens, der 1734 als Zollbevollmächtigter von Föhr nach Amrum (Steenodde) kam

145

Grabstein des Zollbevollmächtigten Philip Ernst Quedens auf dem St.-Clemens-Friedhof

im Archiv Frederik Paulsen, Alkersum) aus dem Jahre 1732. Es geht um eine Auseinandersetzung zwischen dem Zoll und den »Strandpächtern Oluf Jensen, Andres Finck, Jürgen Geritzen, Heddering Peters, Boh Nahmen Peters, Jung Boh Tückes, Harck Knudten und Consorten, alle von Amrum«, die unter strengster Androhung von »Zwangsmitteln am 27., 28. und 29. dieses (Septembers 1732) zur rechten Zeit auf dem Westerlandföhrer und Amrumer Birkthing« zu erscheinen haben.

Der Zollbevollmächtigte Friedebeck hat Amrum 1734 verlassen, und neuer Bevollmächtigter ist Georg Hinrich Quedens, der am 10. August 1734 mit seiner Familie von Oldsum-Föhr nach Amrum zog, nachdem er das einzige Haus auf Steenodde von Otto Friede-

beck gekauft hatte. Georg Hinrich Quedens war verheiratet mit Ehlen Harken, und beide sind mit ihren Söhnen Stammeltern aller noch heute lebenden Namensträger der Familie Quedens. Nur die in Dänemark lebenden Quedens entstammen einer anderen Linie.

Georg Hinrich Quedens starb 1783 im 90. Lebensjahre und blieb bis wenige Jahre vor seinem Tod Zollbevollmächtigter. Die Nachfolge trat dann um 1787 sein Sohn Philipp Ernst Quedens (1734–1797) an.

Aber schon in der Einwohnerliste des Jahres 1801 ist auf Steenodde keine Zollstation mehr vorhanden. Der derzeitige Bewohner des immer noch einzigen Hauses an der Amrumer Hafenbucht, der 1769 geborene Volkert Quedens, ist Schiffer und Gastwirt im später als »Lustiger Seehund« bekanntgewordenen Haus. Neuer Zollbevollmächtigter ist nun der Schiffer Urban Wögens (1751–1840) in Nebel, gefolgt vom früheren Lehrer Hinrich Feddersen (1789–1858). Weitere Daten liegen nicht vor, aber im Landesarchiv zu Schleswig harren noch etliche Akten der Durchsicht, um weitere Fakten zu ermitteln.

Das Kreuzzollwesen

Im Jahre 1776 publizierte König Christian VII. einen Erlaß, daß alle von fremden Städten kommenden Schiffe, die zu einem Königl. dänischen oder norwegischen Hafen bestimmt sind, den commandierenden Offizierer der Zollkreuzer die Schiffs-Dokumente über Ladung, Herkunft und Bestimmung vorlegen sollen. Doch blieb der Aufbau einer Zollkreuzerflotte unzureichend, und schon im folgenden Jahre wurden die 5 Schiffe wieder zurückgezogen, weil konkrete Resultate hinsichtlich des Warenschmuggels zu wünschen ließen.

Erst 1824 wurde durch den Zollinspektor Johan Jacob Gram Blom das Kreuzzollwesen an den Küsten des dänischen Reiches wieder aktiviert und sollte nun unter der tatkräftigen Leitung des Genannten von Dauer bleiben. Doch wurden zunächst nur die Ostküste und

Das erste Haus auf Steenodde und eines der ältesten Häuser auf Amrum, 1721 durch den Zollbevollmächtigten Friedebeck als Zollstation erbaut

die großen Inseln des Königreiches durch 18 Zollkreuzer (1840) abgedeckt.

Hingegen galt an der Westküste der Herzogtümer Schleswig und Holstein eine andere Zollverordnung aus dem Jahre 1803, und hier wurde erst 1836 an der Mündung der Stör ein Zollkreuzer stationiert, nachdem dort umfangreicher Kaffee- und sonstiger Warenschmuggel publik geworden war.

Im Jahre 1845 meldet die Generaltoldkammer dann 15 Zollkreuzer an der schleswig-holsteinischen Westküste, davon 5 im Bereich der nordfriesischen Inseln, nämlich in der Hever (»Hoffnung« bzw. »Nr. 10«) bei Pellworm (»Pellworm« bzw. »Nr. 11«), Schmaltiefe (»Industrie« bzw. »Nr. 13«), Hörnum (»Anna Cathrina« bzw. »Nr. 14«) und List mit einem ganz neugebauten Schiff (»Nr. 15«).

Kreuzzollinspektor wurde 1846 Johann Otto Donner. Doch die schleswig-holsteinische Erhebung im Jahre 1848 bedingte entsprechende Veränderungen. Donner trat in den Dienst der provisorischen Regierung in Kiel, und sein Nachfolger wurde Thomas Wilhelm v. Brincken. Der Hauptsitz wechselte von Tönning (1839) nach Altona (1841), Glückstadt (1847) im Jahre 1851 nach Wyk auf Föhr.

Nach der Niederschlagung der Erhebung und der Neuübernahme durch die Königl. Generalzollkammer wurde der Seeoffizier Otto Christian Hammer 1854 Kreuzzollinspektor für die Westküste, nachdem er schon im Dezember 1850 in seiner Eigenschaft als Aufseher über das hiesige Seezeichenwesen faktisch auch als Kreuzzollinspektor fungiert hatte.

Kreuzzollinspektor Otto Christian Hammer

Der vorherige Inspektor von Brincken war entlassen worden, weil er während der Erhebung mit den Schleswig-Holsteinern sympathisiert hatte.

Der neue dänische Inspektor Otto Christian Hammer wohnte in Wyk, wo ihm zunächst als Inspektionsschiff der Schoner »Frederik-VII.« und später der Kutter »Neptun« zur Verfügung standen.

Im Bereich der Westseeinseln wurden 1852 vier Kreuzzollschiffe stationiert. In List lag die »Maria«, im Hörnum-Tief ein geliehenes Fahrzeug, in der Schmaltiefe die »Nr. 15« und bei Hooge ebenfalls ein geliehenes Schiff. Die Zollkreuzer lagen am Einlauf der Wattenströme vor Anker und hatten eine Besatzung von 3–5 Mann, Kreuzzollassistenten, Kreuzzollschiffer, Matrosen und Schiffjunge. Die Zoll-

kreuzer in der Schmaltiefe südlich von Amrum und der Zollkreuzer für das Hörnum-Tief, stationiert an der Amrumer Odde, hatten vorwiegend Besatzungen von Amrum. Als Zollkontrolleur wird in jenen Jahren Paul Ahrens (1804–1871) aus Süddorf und Simon Georg Simons (1799–1876) als Kreuzzollschiffer genannt. Der Kreuzzollassistent Gerret Jakob Matzen (1821–1899) wurde sogar mit dem Danebrog-Orden ausgezeichnet, weil er im Jahre 1864 anläßlich des Krieges zwischen Preußen Österreich und Dänemark in einer Seeschlacht bei Helgoland die dänischen Fregatten durch schwieriges Fahrwasser gelotst hatte.

Ein anderer Zollschiffer zu Hammers Zeit war Ketel Tede Brodersen (1816–1902), gebürtig von Hallig Langeneß, verheiratet in Nebel. Er führte den Zollkreuzer »Frederik VII«, das vorherige Inspektionsschiff von Otto Christian Hammer. Als weitere Kreuzzollschiffer treten in den 1850–1860er Jahren Claus Meyer (1839–1884), Knudt Johann Rummel (1808–1887) und Cornelius Martinen (1816–1885) auf. Als Zollkreuzassistent ist Hinrich Rudolf Bohne (1836–1879) genannt. Er fiel am 1. März 1879 aus dem Mast des Schiffes und war sofort tot. Ob an Bord eines Zollkreuzers oder anderen Schiffes wird nicht erwähnt.

In dänischer Zeit hatte der Staat auf Amrum kaum Ämter und Einkommen zu vergeben. Neben den drei Strandvogteien, deren Verdienst aber abhängig war von Bergungsfällen, gehörten das eher bescheidene Amt des Tonnenlegers und der Dienst auf den Zollkreuzern dazu. Im Jahre 1852 hatte der Zollkreuzer beispielsweise im Hörnum-Tief 71 einkommende Schiffe, der Zollkreuzer in der Schmaltiefe 176 einkommende Schiffe zu kontrollieren. Im Jahre 1857 lauteten die Zahlen 102 bzw. 373 und im Jahre 1863 34 bzw. 233 Schiffe. Nur gelegentlich mußten Schiffe als »entwischt« gemeldet werden.

Die ständige Anwesenheit der Zollkreuzer hatte natürlich – wie Hammer in ausführli-

Kreuzzollsegler in dänischer Zeit

chen Berichten vermerkt – präventive Wirkung. Trotzdem wurde gelegentlich Schmuggel konstatiert, beispielsweise als das Wyker Schiff »Engelina« im Oktober 1862 auf der Reise von Altona nach Wyk auf dem Seesand nahe Amrum verunglückte, wobei die Besatzung den Tod fand. Beim Bergen des Wracks wurden dann Silberschmuck, Uhren, Kleidung und anderes in einem Hohlraum entdeckt, Dinge, die nicht im Schiffsmanifest verzeichnet waren.

Trotz ihrer regelmäßigen Seeposition blieben die Zollkreuzer weitgehend von Havarien verschont. Doch im Oktober 1854 wurden einige Zollkreuzer durch Sturm beschädigt. Die »Nr. 5« in der Schmaltiefe verlor ein Seitenschwert, während das andere brach. Und die »Nr. 11« im Hörnum-Tief strandete

am 9. Oktober 1860 an der Amrumer Odde, nachdem sie zur Kontrolle des auf Hörnumsand gestrandeten holländischen Schiffes »De goode Verwissing« ausgesegelt war, aber in den aufkommenden Sturm geriet. Am nächsten Tag wurde der Zollkreuzer noch höher auf den Sand gesetzt und konnte mit Hilfe der Besatzung der »Nr. 5« erst zwei Tage später wieder flott gemacht werden.

Unter neuer Flagge

Am 18. November 1863 unterschrieb der König Christian IX. eine neue Verfassung und löste damit abermals eine Auseinandersetzung um die Herzogtümer Schleswig und Holstein aus. Die beiden deutschen Großmächte Preußen und Österreich griffen ein, und es kam 1864 zum Krieg. Das Generalzoll-

Zollkreuzer »Helgoland« – ein schneller Segler, dem kein Schmuggler entkam

direktorat beorderte alle Zollkreuzer von der schleswig-holsteinischen Westküste nach Wyk, und Hammer wurde vom Marineministerium in Kopenhagen zum Kommandant einer kleinen Kriegsflotte benannt, in der auch etliche Zollkreuzer einbezogen waren. Mit dieser kleinen Flotte konnte Hammer längere Zeit einer Übermacht standhalten, mußte dann aber kapitulieren und geriet in die Gefangenschaft. Hier wurde er aber nach Kriegsende wieder entlassen und am 28. Oktober 1864 mit einer Pension in den Ruhestand verabschiedet. Das Archiv mit allen Unterlagen über die Zeit des Kreuzzollwesens in dänischer Zeit gelangte mit dem Inspektionsschiff »Neptun« aber von Föhr nach Kopenhagen, wo es in der Generalzollkammer bzw. im Nationalarchiv noch vorhanden ist.

Nach dem Sieg der deutschen Großmächte und der Einverleibung der Herzogtümer mitsamt den reichsdänischen Enklaven Listland und Westerlandföhr-Amrum in Preußen-Österreich bzw. in das spätere Deutsche Reich blieb das von Dänemark aufgebaute Kreuzzollwesen unverändert bestehen und wurde mit neuen Schiffen noch modernisiert. Schon während des Kriegsjahres 1864 war in Husum ein Inspektorat mit dem von Sylt gebürtigen C. Lornsen an der Spitze eingerichtet worden. Nach dessen Tod unterstand das Kreuzzollwesen dem in Flensburg wohnenden Hans G. D. Dittmann, gefolgt von Fellberg.

Eine neue segelnde Kreuzzoll-Flotte

Schon 1864 wurde in der Schmaltiefe der Zollkreuz-Segler »Caroline« stationiert, ein Jahr später die »Wachsamkeit« im Hörnum-Tief. Die »Caroline« war bis 1894 in Dienst, die »Wachsamkeit« bis 1880. Die Station beider Schiffe war Amrum. Von Amrumer Be-

Zollkreuzer »Caroline«, gemalt von Gerhard Martens

satzungen ist u. a. Kreuzzollassistent Gerret Christian Gerrets (1823–1915) bekannt, der zunächst auf dem Kreuzer »Wyk« in der Norderhever diente, ehe er auf die »Caroline« kam. Ihm folgte in den 1880er Jahren Jan Jürgen Jannsen (1838–1924). Beide stammten aus Süddorf.

Für das Jahr 1871 sind nicht weniger als 7 Zollkreuzer für den Bereich des nordfriesischen Wattenmeeres genannt.

Der »Caroline« folgte der Zollkreuz-Segler »Helgoland« und vermutlich für eine kurze Zeit die »Amrum« in der Schmaltiefe. Ob auch die Station Hörnum- bzw. Vortrapptief und mit welchen Schiffen zeitweise oder durchgehend besetzt war, bedarf noch der Klärung.

Während die Zollkreuzer der Schmaltiefe ihre Hafenstation in der Hafenbucht nahe Steenodde hatten, lag der Liegeplatz für die Zollkreuzer des Hörnums- bzw. Vortrapptiefs im Schutze des damaligen Kniephafens am Strande bei Norddorf.

Im Oktober 1886 stellte der auf Amrum amtierende Zolleinnehmer Johannes Witt namens des Kgl. Kreuzzoll-Inspektors Fellberg, Flensburg, bzw. des Kgl. Provinzial-Steuerdirektors in Altona einen Antrag an die Gemeindevertretung von Amrum, in Süder-Risum bei Norddorf kostenlos Gelände für die Errichtung eines Bootsschuppens und einer Wachstation zur Verfügung zu stellen. Die Gemeinde verlangte jedoch eine Jahresmiete von 10 Mark. Die Wachstation wurde 1887 auch gebaut, aber ob dort auch ein Zollkreuzer aufgelegt wurde, ist nicht nachweisbar. Falls dort erneut stationiert, blieb das Schiff offenbar im Kniephafen liegen.

Das vorläufige Ende des Kreuzzollwesens

Die segelnden Kreuzer versahen noch bis 1902 ihren Dienst und wurden dann eingezogen. Nur die Schmaltiefe blieb mit dem Zollkreuzer »Elisabeth« als Zollkontrollschiff besetzt. Für das Jahr 1912 meldet dann eine Zoll-Zeitschrift: »Dieser Tage wurde das letzte noch an der schleswig-holsteinischen Westküste befindliche Zollfahrzeug, der auf Amrum stationierte Kreuzer ›Elisabeth‹ eingezogen, um versteigert zu werden. Damit hat eine alte, geschichtlich gewordene Einrichtung der Westküste und der Westseeinseln ihr Ende gefunden, haben doch die schleswigschen (dänischen) Zollkreuzer in der Kriegszeit unter Kapitän Hammer als Kriegsfahrzeuge dienen müssen. Unter preussischem Regiment befanden sich in den westschleswigschen Gewässern einschließlich eines in Husum stationierten Inspektionsschiffes (›Paula‹ u. a.) sechs Kreuzer zwischen Hever und Römö. Außerdem befand sich auf Amrum noch an Stelle eines weiteren, im Vortrapptief (Hörnum-Tiefe) stationiert gewesenen Kreuzers, seit 1887 eine Bootsstation (bei Risum, am Norddorfer Strand). Seit 1902 war die ›Elisabeth‹ das letzte Zollschiff dieser Gewässer. Jetzt befinden sich nur noch zwei Zollschiffe an der Ostküste . . .«
Zollschiffer, also Führer der »Elisabeth«, war etliche Jahre lang der in Nebel wohnende Peter J. T. Markmann (1855–1937).
Der Zollkreuzer »Elisabeth« wurde in Wyk zur Versteigerung aufgeboten und dort für eine Summe von 23 000 Mark von dem Kapitän und Strandvogt Volkert Martin Quedens gekauft. »Der Käufer gedenkt, das Schiff bei Strandungsfällen zu verwenden.«
Die Einstellung des Kreuzzollwesens im Jahre 1912 war aber nur vorübergehend. Schon 1921 wurde wieder ein Zollkreuzer, von nun an motorgetrieben, bei Amrum stationiert. Es war die 17.50 m lange »Habicht« ex »F 59«, 1918 in Stralsund gebaut und mit

einem 120 PS starken Motor versehen, zunächst als Minenräumboot dienend. Auch andere Stationen an Nord- und Ostsee erhielten wieder Zollkreuzer. Im nordfriesischen Wattenmeer wurden deren drei stationiert. Neben Amrum und Husum gab es eine Station in Munkmarsch auf Sylt, wo die »Adler« ex »F 69«, also auch ein früheres Minenräumboot, lag, allerdings nur bis 1928, während die Amrumer Station von Dauer blieb.
Man darf wohl vermuten, daß die Neustationierung in Zusammenhang mit dem blühenden Schmuggel zwischen den Nordfriesischen Inseln und Dänemark in den Notjahren nach dem 1. Weltkrieg stand. Wer z. B. auf Amrum ein Schiff hatte, wagte sich nach Esbjerg, um Schmuggelwaren, von Damenstrümpfen bis Butter, nach Amrum zu befördern, wo das Schmuggelgut entweder privat oder in den Kramläden mehr oder weniger offen verkauft wurde und einen nicht unbeträchtlichen Teil zur Versorgung der Bevölkerung beitrug. Nur der Schiffer Meinhard Boyens aus Norddorf soll sich an das Gesetz gehalten haben. Der Zollkreuzer »Adler« hatte einen Tiefgang von 1.05 Meter, hat aber nach Erzählungen der damaligen Schmuggler den kleineren Amrumer Schiffen nicht über die Untiefen des Sylter und Föhrer Wattenmeeres folgen können. Jedenfalls ist kein Amrumer Schiff gestellt und – entsprechend den Regeln – beschlagnahmt worden. Anders in Richtung Helgoland. Auch hier blühte zeitweilig der Schmuggel und Amrumer Schiffer verloren 1933 ihr Schiff.
Nach der Abstimmung im Jahre 1920 und noch vor der Inflation schliefen die Schmuggelfahrten nach Dänemark aber ein.
Der Zollkreuzer »Habicht« war bis 1931 im Bereich der Schmaltiefe im Dienst. Zollkapitän jener Jahre war Schäfer. Das Schiff wurde dann nach Kiel verlegt und 1934 als Privatyacht verkauft.
Der nächste Zollkreuzer ab 1931 hieß »Seiler« ex »F 51«, 1917 ebenfalls für die Kaiserliche Marine als Minenräumboot gebaut, 17.50 m

Auch während des zweiten Weltkrieges war der Zoll in Aktion. Hier das Boot mit Zollkapitän Albert Finkenstein sowie mit Johannes Grönwoldt, Philipp Peters, Bernhard Diedrichsen und Heinrich Clausen

»Tiger« – Zollboot von etwa 1950–1953

Die erste »Kniepsand«, 1953 in den Dienst gestellt, zuerst auf Amrum, dann in Hörnum, Sylt, stationiert

lang und mit einem 120 PS-Motor ausgerüstet. Der »Seiler« folgte nach Ende des 2. Weltkrieges die »Irma«, 1932 gebaut und zunächst als Tenderboot im Einsatz. Auch während des Krieges blieb das Zollboot aktiv, besetzt mit älteren oder für die Wehrmacht untauglichen Männern. Und alle Schiffe unter dem Kommando des schneidigen Zollkapitänes Albert Finkenstein, geboren 1892 in Essen, seit 1920 verheiratet mit Jacobine Christine Tönissen aus Süddorf, wo das Ehepaar wohnte.

Der »Irma« folgte von etwa 1950–1953 das Zollboot »Tiger« auf der Amrumer Station. Das über 23 m lange Schiff war ebenfalls zu Kriegszwecken 1939 in Warnemünde gebaut worden und mußte dann aber als »Kriegsbeute« an die Briten abgeliefert werden.

Als 1953 das neugebaute Zollboot »Kniepsand« (gebaut bei Schweeres in Bardenfleth, aus Stahl, 27,85 m lang, 2 1940 PS-Motoren, Geschwindigkeit 20 sm/h) in Dienst gestellt wurde, war es bald mit der Stationierung auf Amrum vorbei. Die Station wurde nach Hörnum-Sylt verlegt, wo sie heute (1992) noch besteht. Seit 1986 liegt dort die »Kniepsand« II, ebenfalls von der Werft in Bardenfleth stammend. Die »Kniepsand« II trägt ein Tochterboot namens »Lütt Moor«, genannt nach dem volkstümlichen Namen der Hallig Nordstrandisch-Moor.

Der langjährige Amrumer Zollkapitän Albert Finkenstein war schon Mitte der 1950er in den Ruhestand getreten, nachdem die Station von Amrum nach Hörnum verlegt worden war.

154

Fahrwasser, Untiefen und Sände im Nordfriesischen Wattenmeer in den 1870–80er Jahren

155

Der Landzoll

Über einen Zeitraum von nachweislich mehr als 100 Jahren hat der segelnde Kreuzzoll bzw. der motorisierte Wasserzoll für Amrum eine gewisse Rolle gespielt, gab er doch etlichen Familien Arbeit und Brot.

Neben dem »blauen« Zoll ist aber auch der »grüne« Zoll, der Landzoll, seit Jahrhunderten auf der Insel vertreten. Erwähnt wurden schon Zöllner zu Zeiten der Amrumer Pastoren Tycho Frödden und David Monrad. Dann folgten 1734 die Familie Quedens mit Vater und Sohn bis 1797, Urban Wögens von 1797 bis in die ersten Jahrzehnte des 19. Jahrhunderts und dann die »Zollkontrolleure« Hinrich Feddersen, der zuvor Lehrer gewesen war, und Paul Ahrens in dänischer Zeit. Der erste »Zolleinnehmer« in deutscher Zeit war Johann Witt, der gleich nach dem Staatswechsel 1864 von Glücksburg nach Amrum kam und hier nach dem baldigen Tode seiner ersten Frau die Witwe von Andreas Quedens, Ingeline geb. Feddersen, eine Tochter des genannten Hinrich Feddersen, heiratete. Johann Witt, geboren 1832 in Brockdorf an der Elbe, lebte bis 1911. Er wohnte im Haus der heutigen Zahnärztin Dr. M. Krückenberg in Nebel.

In den folgenden Jahren wurde der Landzoll weiter ausgebaut, 1887 durch eine Wachstation am Norddorfer Strand und 1893 durch ein festes Haus auf der Südspitze Wittdün, später »Haus Dünenruh« genannt, nachdem das Haus 1914 von Volkert Martin Quedens für die Witwe seines 1901 auf See verunglückten Sohnes gekauft worden war. Dieses Haus stand nach Berichten von Martin Breckwoldt (»Tin Hanje«) aber auch in Zusammenhang mit dem Kreuzzoll, der – wie erwähnt – bis 1912 im Bereich der Schmaltiefe bestand. Der hier stationierte Zollkreuzer »Helgoland« segelte vor allem den von England kommenden Kohlenfrachtern entgegen, um diese abzufertigen. Einer der Landzöllner, die das Wittdü-

»Zolleinnehmer« Johann Witt (1823–1911), erster Zollmann in deutscher Zeit

ner Zollhaus um 1900 bewohnten, war Emil F. Carstensen.

Neben dem direkten Seeverkehr mit England in der Zeit vor und nach 1900, insbesondere mit Schiffen und auf Order des Wyker Konsuls Levy Heymann und durch den Norddorfer Kapitän Johannes Matzen mit eigenen Schiffen, kamen auf andere Weise zahlreiche ausländische und damit zollpflichtige Güter nach Amrum – durch Strandungsfälle.

Über das »Verhalten der Aufsichtsbeamten bei Strandungen« geben Bekanntmachungen und Anweisungen des Provinzialsteuerdirektors in Glückstadt bzw. Altona aus den Jahren 1869 und 1882 Aufschluß.

»Wenn die Beamten wahrnehmen . . . daß ein Schiff auf den Strand geraten ist oder sich in

Hauptzollsekretär Jürgen Jungclaus, seit 1971 auf Amrum

Seenot befindet, so haben sie hiervon ohne Verzug dem zuständigen Strandvogt oder dem Gemeindebüro, dem Bezirkskontrolleur und der Bezirkshebestelle in geeigneter Weise Anzeige zu machen, sich selbst aber an den Ort der Strandung zu begeben, um zur Sicherung des Zollinteresses die Aufsicht zu übernehmen«, heißt es in der Anweisung vom 14. Feburar 1882. In 6 Paragraphen wird das weitere Verhalten geregelt, ebenso auch in einem Zusatz die Behandlung von »strandtriftigen Gegenständen«. Ein anderes Aufgabengebiet für den Landzoll waren die zur Insel geschmuggelten Waren von Dänemark und Helgoland.

Im Jahre 1925 errichtete eine Wohnungsbaugesellschaft die beiden reetgedeckten »Zollhäuser« im Westen von Wittdün für die Unterbringung von Zollbeamten. H. Franzen, Uchtenhagen, Stanuhl, Schäfer und andere sind die noch heute bei älteren Wittdünern bekannten Namen von Zollbeamten.

In Norddorf wurde 1925 ein »Zollhaus« gebaut, das bis etwa Mitte der 1950er Jahre von Zollbeamten bewohnt war und dann von Karl Jensen gekauft wurde. Richard Dohndorf, der erste Bewohner des Hauses bis 1932 gründete die Norddorfer Blaskapelle und machte sich auf der Insel damit einen bleibenden Namen. Franz Thomann, Neumann, Anton Gehrmann, Ehlers, Heidemann und Hein Jessen gehörten zu den noch heute bekannten Zöllnern.

Eine besondere Rolle spielte der Zoll in den Jahren des 2. Weltkrieges. Weil die jüngeren Männer zur Wehrmacht eingezogen waren, wurden ältere Insulaner, darunter Theodor Kölzow, Arian Petersen, Emil Schellin, Karl Flor, Cornelius Jannen, Heinrich Schuldt und Heinrich Schult als sogenannte Zollassistenten eingesetzt und patrouillierten mit Gewehren bewaffnet Strand und Insellandschaften. »Chef« war der Bürgermeister Martin Paulsen, der aber wiederum dem Zollbootkapitän Albert Finkenstein unterstand. Dieser war in den Kriegsjahren sowohl zu Wasser als auch zu Lande der oberste Zöllner.

Nach Kriegsende konzentrierte sich das reduzierte Zollwesen auf Wittdün mit nur noch zwei Beamten, deren Wohnung unverändert eines der beiden Zollhäuser ist (das andere wurde an privat verkauft), als Dienstwohnung dem Bund gehörend.

Auch hier, in der Grenzaufsichtsstelle Wittdün des Hauptzollamtes Itzehoe und des Zollkommissariates Husum-See, sind in den letzten Jahrzehnten Beamte gekommen und gegangen. Doch der Hauptzollsekretär Jürgen Jungclaus ist schon seit dem 1. August 1971 auf Amrum.

G. Q.

Geschenkbände:

Amrum – Landschaft / Geschichte / Natur
Glanzfolienkaschierter Einband, 304 Seiten, ca. 180 farb. Abb., ca. 70 sw Abb.,
Format 21 × 26 cm
ISBN 3-924422-24-9   DM 68,–

Kai Quedens, Gemalte Insel Amrum
Glanzfolienkaschierter Einband, 60 Seiten, 29 Farbabbildungen, 18 Zeichnungen,
Format 20 × 25 cm
ISBN 3-924422-19-2   DM 19,80

Jochen Seitz, Amrumer Skizzenbuch
64 Seiten, 24 Abbildungen, Format 16 × 24 cm, Ganzleinen
ISBN 3-88007-533-0   DM 17,80

Christa Dabrunz/Georg Quedens, Ich möcht ein Schaf auf Amrum sein
48 Seiten, 21 Farbbilder, Format 20 × 20 cm, Pappband
ISBN 3-924422-03-6   DM 22,80

Jens Quedens, Amrum, Porträt einer Insel
32 Seiten, 62 Farbbilder, Format 15 × 21 cm, geheftet
ISBN 3-924422-14-1   DM 9,80

Jens Quedens, AMRUM
Monatskalender mit 13 Farbbildern, Format 30 × 40 cm, quer
erscheint seit 1976 jährlich zu Ostern
ISBN 3-924422-02-8   DM 24,80

F. O. Bernstein, Dokumentar-Videofilm Amrum
VHS-Format, Spieldauer 42 Min.   DM 59,80
NTSC-Format   DM 69,80

Klaar Kiming
Die Nordfriesen – eine Minderheit
Videofilm im VHS-Format, Spieldauer 50 Min.
Originalton friesisch, deutscher Text eingeblendet   DM 59,80
NTSC-Format mit englischem Untertitel   DM 69,80

Amrum 1968, Videofilm
VHS-Format, Spieldauer 12 Min.   DM 29,80
(Verlag Hansen & Hansen)

Zur friesischen Sprache:

Ommo Wilts, Wurdenbuk för Feer an Oomram
Friesisch-deutsches Wörterbuch für Föhr und Amrum
360 Seiten, Format 15 × 21 cm, Pappband
ISBN 3-924422-11-7   DM 29,80

Friesisches/Deutsches Wörterbuch
Amrumer Mundart
(in Vorbereitung)

Nils Århammar, Die Amringer Sprache / Die Amringer Literatur
Sonderdruck aus Amrum, Geschichte + Gestalt einer Insel, Verlag Hansen & Hansen
36 Seiten, Format 21 × 25 cm, geheftet   DM 15,80

Reinhard Arfsten, Mamenspriik
Leesbuk för Feer an Oomram (friesisch)
224 Seiten, 23 Abbildungen, Format 16 × 21 cm, Halbleinen, DM 16,80

Volkert F. Faltings, In memoriam Lorenz Conrad Peters
162 Seiten, 28 Abbildungen, 30 Notentexte, Format 15 × 21 cm, Pappband
ISBN 3-924422-10-9   DM 24,80

Theodor Storm, Der kleine Häwelmann
32 Seiten, 10 Aquarelle von J. Seitz
5 verschiedene Ausgaben deutsch-friesisch, Format 17 × 24 cm, broschiert
ISBN 3-924422-05-2   DM 14,80

Wilhelm Busch, Maks an Moorits
übersetzt ins Amrumer Friesisch von Jens Quedens
64 Seiten, 97 farbige Abbildungen, Format 16 × 19 cm, kartoniert
ISBN 3-88007-090-3   DM 9,80

Collodi, Pinocchio
16 Seiten, farbige Bildergeschichte
3 verschiedene Ausgaben deutsch-friesisch, Format 18 × 26 cm, Pappband
ISBN 3-924422-26-5   DM 14,80

Nordfriesische Textbibliothek, Band 1
Arfst Jens Arfsten
Fering Düntjin & Vertellen op Nieblumer Platt
bearbeitet und kommentiert von Dr. Volkert F. Faltings
160 Seiten, 14 Abbildungen, Format 16 × 21 cm, Pappband
ISBN 3-924422-16-8   DM 29,80